Ma muse à moi, Montréal

LANCTÔT ÉDITEUR
4703, rue Saint-Denis
Montréal, Québec H2J 2L5
Téléphone : 514 680-8905
Télécopieur : 514 680-8906
Site Internet : www.lanctot-editeur.com

Maquette de la couverture et mise en pages : Jimmy Gagné
Illustrations : Germaine Courteville
Révision : Geneviève Mativat
Correction : Roger Magini
Distribution : Prologue
1650, boul. Lionel-Bertrand
Boisbriand, Québec J7H 1N7
Téléphone : 450 434-0306 / 1 800 363-3864
Télécopieur : 450 434-2627 / 1 800 361-8088
Distribution en Europe : Librairie du Québec
30, rue Gay-Lussac
75005 Paris, France
Télécopieur : 01 43 54 39 15
Adresse électronique : liquebec@noos.fr

Lanctôt éditeur bénéficie du soutien financier
de la SODEC, du Programme de crédits d'impôt
du gouvernement du Québec
et est inscrit au Programme de subvention globale
du Conseil des Arts du Canada.
Nous reconnaissons l'aide financière du
gouvernement du Canada par l'entremise
du Programme d'aide au développement
de l'industrie de l'édition (PADIÉ)
pour nos activités d'édition.

Ma muse à moi, Montréal

Édouard BENIAK

Poésie et prose illustrées

LANCTÔT
ÉDITEUR

À tous ceux et celles qui aiment Montréal

REMERCIEMENTS

Les illustrations qui ornent cet ouvrage, aux mots ajoutent les images. Elles sont signées Germaine Courteville. Je désire profiter de l'occasion qui m'est donnée pour témoigner à cette artiste toute ma reconnaissance filiale. Que ce livre soit sa galerie.

Je tiens également à exprimer ici mes remerciements à ceux et celles qui ont eu la gentillesse d'être mes lecteurs et lectrices avant l'heure. J'espère seulement ne pas les avoir trop ennuyés avec mes confidences de Montréalais. Si le livre que vous tenez entre les mains est digne d'avoir été publié, c'est que leurs judicieuses remarques, corrections et autres suggestions y ont été pour quelque chose. Pour les lacunes qui subsistent, je ne peux m'en prendre qu'à moi-même.

NOTE DE L'AUTEUR

Un homme retourne vivre dans sa ville natale après un long exil de près d'un quart de siècle dans une ville rivale. Non pas un exil forcé auquel il aurait été condamné, mais une séparation volontaire qui s'est prolongée au fil du temps et qui serait devenue un éloignement permanent si l'homme ne s'était finalement arraché des bras de l'autre.

À la douleur de l'exil succédant le bonheur du retour, l'homme, qui a toujours eu des velléités d'écriture, se sent enfin le courage de passer à l'acte. Mais il est en mal de muse. Elle se manifeste à lui un jour qu'il se promène seul dans sa cité retrouvée. Sa muse sera sa ville !

Cette ville qui inspire, c'est Montréal.

Cet homme qui se confie, c'est moi.

É. B.

AVEUX LIMINAIRES

I

Laissez-le vivre ainsi sans lui faire de mal !
Laissez-le s'en aller ; c'est un rêveur qui passe ;
C'est une âme angélique ouverte sur l'espace,
Qui porte en elle un ciel de printemps auroral.
— Émile Nelligan, « Un poète »,
Émile Nelligan et son œuvre, 1903

LE POÈTE

Le poète est un sculpteur, un ciseleur de vers,
Qui travaille et retravaille sa noble matière
Jusqu'à ce que les Muses qui président à son art
De leurs cieux lui jettent un approbateur regard.

Son inspiration n'a point d'heure, *carpe diem !*
Il lui faut la saisir au vol, à l'instant même,
Au crépuscule du jour ou à celui du soir,
Au clair de la lune ou à la nuit close et noire.

Il prend sur le vif les êtres ainsi que les choses,
Comme Nelligan errant seul, tout triste et morose,
Dans les rues de Montréal jusqu'au jour tombant[1].

Et au terme de son long et douloureux labeur,
Du fruit de ses entrailles il accouche, espérant
Par la magie des mots émouvoir le lecteur.

~

1. Pour son illustration, l'artiste s'est inspirée d'une photographie de Louise Abbott, *A blizzard, Montréal*, 1974.

L'idée d'adresser au lecteur — et à la lectrice bien entendu — un premier sonnet sur l'art poétique m'est venue en relisant Baudelaire, qui ouvre ses fleurs maladives par un long poème pathétique de dix quatrains intitulé simplement *Au lecteur,* où il implore ce dernier d'essayer de le comprendre, lui le poète du spleen et de l'ennui. Ces autres vers baudelairiens, pleins de sarcasme, nous rappellent l'ancienne croyance en la malédiction du poète :

Lorsque, par un décret des puissances suprêmes,
Le Poète apparaît en ce monde ennuyé,
Sa mère épouvantée et pleine de blasphèmes
Crispe ses poings vers Dieu, qui la prend en pitié :

— « Ah ! que n'ai-je mis bas tout un nœud de vipères,
Plutôt que de nourrir cette dérision !
Maudite soit la nuit aux plaisirs éphémères
Où mon ventre a conçu mon expiation !
— Charles Baudelaire, « Bénédiction »,
Les fleurs du mal, 1857

Rimbaud aussi était affligé d'un terrible mal de vivre. Écoutons ces tristes paroles de l'enfant poète à sa mère : « Puissions-nous jouir de quelques années de vrai repos dans cette vie, et heureusement que cette vie est la seule, et que cela est évident, puisqu'on ne peut s'imaginer une autre vie avec un ennui plus grand qu'en celle-ci[2]. » Et que dire d'Émile Nelligan, notre enfant poète à nous, dont la vie fut tout aussi empreinte d'amertume que celle de Baudelaire (dont il se réclamait) ou de Rimbaud (dont il était le contemporain), comme en témoigne cette description de Paul Wyczynski dans sa présentation des *Poèmes autographes* publiés en 1991 : « Ses résultats scolaires sont médiocres. Il aime rêver, lire de la poésie, passer les vacances d'été à Cacouna… Triste et morose, en conflit avec la société, avec son père surtout, il s'adonne tôt à la poésie qui, en peu de temps, deviendra son unique passion. »

---

2. Jean-Marie Carré, *La vie aventureuse de Jean-Arthur Rimbaud,* 1976, p. 177.

S'il est vrai que plusieurs de mes poèmes puisent leur inspiration dans des expériences douloureuses (exil, amour déçu) ou dans des états d'âme mélancoliques (nostalgie du passé, mal de Montréal), la souffrance psychologique ne constitue pas pour autant le leitmotiv de ce recueil. Au contraire, l'ouvrage est parcouru par un courant sous-jacent de joie, celle, je l'ai dit, d'avoir retrouvé Montréal, ma ville natale, après plus d'une vingtaine d'années passées à Toronto, la ville rivale, où, jeune homme, j'étais parti gagner ma vie.

Par ailleurs, ayant pris la peine de consulter quelques ouvrages de poésie contemporaine pendant que j'étais à préparer le mien, j'ai été pour le moins surpris de constater à quel point les poètes actuels s'éloignent des règles classiques, leurs créations n'ayant parfois en commun avec la poésie tradition-nelle que le retour à la ligne, et encore, certains délaissant même les vers pour la prose poétique[3]. Au risque de passer pour ringard, je ne m'inscris pas dans ce courant qui voudrait renier la versification traditionnelle. Je crois plutôt que chaque nouvelle forme d'expression artistique vient s'ajouter aux précédentes et non s'y substituer. On n'a qu'à prendre un exemple qui nous est plus familier : l'avènement de la musique pop. Elle n'a d'aucune façon remplacé le jazz ou la musique classique. Alors pourquoi voudrait-on qu'il n'y ait plus de poésie possible en dehors de la prose ? Je conviens

---

3. Je préfère l'étiquette « prose poétique » à celle de « poésie en prose », cette dernière m'apparaissant presque comme une contradiction. Mais les deux sont interchangeables.

qu'il est peut-être *in* de faire de la prose poétique, mais aucune loi ni école ne nous y obligent! Et quant à moi, sans écarter cette forme d'expression plus libre qu'est la poésie en prose (je m'y suis même essayé à quelques reprises), je reste, pour l'heure, plutôt attaché à la poésie en vers.

Dans le débat qui nous préoccupe, il n'est pas inutile, je pense, de s'imprégner des propos d'un fin connaisseur de la poésie française, qui rappelle que le glissement vers la prose (c'est-à-dire l'abandon des vers rimés) n'est pas sans danger:

> La versification, que l'on oppose parfois à la poésie, et qui ne saurait à elle seule faire les vrais poètes, constitue la partie technique de la poésie, le «métier». Si elle ne suffit pas à donner le secret de la poésie, il est en revanche indispensable d'en connaître les règles pour éviter de faire de la prose en croyant faire de la poésie.
> — Paul Desfeuilles, *Dictionnaire de rimes,* 1961, p. VII

Le même auteur précise à la note 1, p. VII:

> Même ceux qui font fi de la versification classique et qui affectionnent de l'ignorer auront intérêt, pour conserver à leurs tentatives d'adaptation et de renouvellement de la forme, le caractère poétique, à bien comprendre le mécanisme de la versification traditionnelle et ses raisons d'être. À cette condition seulement leurs recherches, qui n'ont rien de blâmable en soi, peuvent être fécondes.

Une petite précision, mais qui a son importance vu la confusion qui semble régner dans l'esprit de bien des gens : vers librisme n'est pas forcément synonyme d'absence de rime. Lorsque la rime est absente, on parle de *vers blancs*, comme l'explique Paul Desfeuilles (p. XVII) :

> On appelle *vers libres* des vers de mesures différentes, alternant au gré de la fantaisie du poète, sans suivre de règles strophiques. La Fontaine dans ses *Fables* s'est constamment servi de cette licence […] Les poètes contemporains usent volontiers des vers libres, mais, comme en outre ils répudient souvent l'usage de la rime, leur poésie risque fort de se confondre avec de la prose rythmée.

Sans prétendre avoir respecté scrupuleusement les règles de la versification traditionnelle (ce n'était d'ailleurs pas mon intention, et je m'explique çà et là sur les libertés que j'ai prises par rapport à la tradition, notamment là où elle me paraissait déphasée par rapport à la prononciation courante), je me suis néanmoins efforcé de donner à mes vers l'apparence de la rime, de la mesure et du rythme. Pourquoi m'être donné la peine de faire cet effort ? Parce que j'ai fait le pari qu'une partie du lectorat aura toujours soif d'une poésie qui lui est familière, dans laquelle il se reconnaît.

Voyez, par exemple, ce sur quoi je suis tombé en parcourant une anthologie de la poésie québécoise — âmes sensibles s'abstenir ! Quand on s'éloigne trop de la tradition et que, en outre, on aborde des thèmes franchement, disons-le, vulgaires, on enlève à la poésie tout son charme pour la réduire à un moyen d'expression complètement détourné de son but premier, qui est d'embellir la réalité, d'élever l'âme humaine (je tais le nom de l'auteur car mon propos n'est pas de blâmer qui que ce soit, mais de dénoncer un genre):

> [...]   cul et con dans un même panier   [...] nos sexes s'enfoncent plus creux à mesure   se caressent la croupe   se posent sur des fissures pour fonctionner à plein   [...]   ça part de la gorge pour aller jusqu'au pipi   parfums mêlés à l'épiderme mâle et femelle se desserrent les dents et s'y jettent on se pelote (on s'plote) de bas en haut   une crise sans culotte pour ceux qui se tiennent   la logique qui ne veut pas s'y soumettre   le bon sens qui fixe le taux de jouissance   le contrat masturbé de la succession   j'y suis dans la raie et elle son vagin chatouillé lui permet   [...]

Attention! Si nous n'y prenons garde, nous allons transformer l'acte amoureux en banal rapport sexuel, comme l'ont d'ailleurs fait depuis longtemps les Anglo-Saxons qui, au lieu de faire l'amour, «ont du sexe» (*have sex*). Qu'ont-ils fait de leur *make love*? Et nous, comment avons-nous fait pour en arriver là? L'auteur «anonyme» ne s'est pas toujours complu dans le vulgaire, certes, mais le seul fait d'avoir osé écrire pareille prose — «apoétique» serais-je tenté de dire — constitue, à mes yeux, une faute quasi rédhibitoire. Que pourrait-on invoquer à sa décharge? L'exubérance de la jeunesse (il n'avait que

24 ou 25 ans au moment des faits)? Le goût de la provocation? Peu importe.

Comment ne pas s'étonner non plus que la prose incriminée se retrouve dans un florilège de la poésie québécoise! Faut-il ratisser large, quitte à fermer les yeux sur certaines choses, sous prétexte de représenter tous les courants? Ce n'est certainement pas en renvoyant à la société une image dégradante d'elle-même que celle-ci va prendre le chemin de l'embellissement! Je ne dis pas qu'il faille retourner au romantisme à l'eau de rose, mais l'injection d'une bonne dose de sensibilité, d'exaltation, de rêverie ne ferait de mal à personne au jour d'aujourd'hui! Est-ce moi qui suis réactionnaire, qui souffre de sensiblerie, qui ai les oreilles chastes? Je crois plutôt que c'est la société moderne qui, sans s'en rendre compte, se laisse avilir par la liberté d'expression tous azimuts.

Tout est dans l'art et la manière de dire les choses. Une thématique à première vue peu ragoûtante peut néanmoins être abordée dans la perspective de la rendre belle. Il me vient à l'esprit le poème de Baudelaire intitulé *Une charogne*, dont il suffit de donner les deux premiers quatrains (il en comporte quatorze en tout) pour saisir le sens de mes propos:

Rappelez-vous l'objet que nous vîmes, mon âme,
    Ce beau matin d'été si doux:
Au détour d'un sentier, une charogne infâme
    Sur un lit semé de cailloux,

Les jambes en l'air, comme une femme lubrique,
                   Brûlante et suant les poisons,
Ouvrait d'une façon nonchalante et cynique
                   Son ventre plein d'exhalaisons.
— Charles Baudelaire, « Une charogne »,
Les fleurs du mal, 1857

Prendre le laid et en faire quelque chose de beau est une approche diamétralement opposée à celle qui consiste à prendre le beau et en faire quelque chose de laid. La première est de la poésie, la seconde du prosaïsme (pour ne pas dire autre chose). Et dire que *Les fleurs du mal* ont été condamnées pour offense à la morale publique ! Autres temps, autres mœurs…

Contrairement à la langue courante (celle de tous les jours), la poésie ne coule généralement pas de source. La première est spontanée, la seconde travaillée, d'où mes vers sur le métier de poète : *Et au terme de son long et douloureux labeur, / Du fruit de ses entrailles il accouche, espérant / Par la magie des mots émouvoir le lecteur.* Pourquoi en est-il ainsi ? Parce que la poésie aspire à créer une langue « d'une inusable beauté », magistrale description utilisée à l'endroit des vers de Lamartine par l'éditeur de ses *Poésies choisies,* Jules Tallandier (1971, p. 19). Il n'empêche que l'inspiration n'est pas toujours une fidèle compagne. Après l'immense succès des *Méditations poétiques,* les *Nouvelles méditations* de Lamartine sembleront de pâles copies. Sait-on seulement d'où vient l'inspiration ? Elle est souvent dépeinte sous les traits d'une femme. Entendez-vous ma muse qui nous appelle ?

II

MA MUSE

Elles étaient neuf dans la mythologie antique,
Neuf déesses présidant aux arts helléniques.
Quand, à la poésie, on voudrait s'essayer,
Laquelle de ces filles de Zeus courtiser?
Polymnie, muse de la poésie lyrique,
Ou Euterpe, muse de la musique?
Calliope, muse de l'éloquence,
Ou Terpsichore, muse de la danse?
Érato, muse de l'élégie,
Ou Thalie, muse de la comédie?
Melpomène, muse de la tragédie,
Ou Uranie, muse de l'astronomie?
Clio, muse de l'histoire,
Ou je ne sais quelle muse d'un soir?
Toutes sont de précieuses conseillères,
Mais celle que, entre toutes, je préfère
Ne sort pas d'une lointaine époque finie:
Elle est du présent et se prénomme Marie.

~

Ma muse à moi — secret de Polichinelle — s'appelle Montréal. Mais si pour être muse, il faut revêtir une apparence féminine, alors ma muse a pour nom Marie, comme dans Ville-Marie, premier nom de Montréal. Si vous la voyiez, ma muse, vous comprendriez pourquoi elle m'inspire. Dieu l'a parée d'attraits divers : une montagne en son centre, un fleuve tout autour et des rapides en amont imposant une halte devant ce paysage qui force l'admiration. Et depuis, comme pour ajouter à l'œuvre du Créateur, l'Homme a jeté des passerelles sur les flots périlleux, édifié des tours métalliques semblables à des bras levés au ciel, construit des logements aux façades ornées d'escaliers, aménagé des îlots de verdure au sein de la cité… Pour qui aime sa ville, pour qui la trouve belle, tout ou presque est prétexte à poésie. Tantôt graves ou lyriques, tantôt légers ou humoristiques, les poèmes (exceptionnellement en prose) qui ouvrent chacun des chapitres varient de ton selon le sujet abordé.

Aimer sa ville natale est tout ce qu'il y a de plus naturel. Je dirais même que c'est vital, car cela répond à un besoin identitaire. Savoir où sont ses racines est fondamental dans la constitution d'un être équilibré. Si j'avais prolongé mon exil ontarien ne serait-ce que de quelques années, j'aurais franchi un cap pour moi inimaginable : plus d'années passées à Toronto, ma ville d'adoption, qu'à Montréal, ma ville natale ! Je m'en lamente dans un poème : *Vingt-trois années d'exil, / À quoi cela rime-t-il, / Quand de toi, Montréal, / J'ai toujours eu le mal ?* Ce n'est pas que j'éprouve du ressentiment à l'égard de la Ville reine. Qu'est-ce alors ? La nostalgie. Quand on laisse derrière soi famille, amours, amis, repères culturels et géographiques, elle finit par vous rattraper tôt ou tard et, si vous n'y prenez garde, l'exil peut durer une éternité.

Tout au long de la conception et de la gestation de ce livre, je me suis abreuvé à la plus belle des sources qu'ait jamais connue la poésie de langue française : le XIXe siècle. C'est le siècle qui a vu se succéder, entre autres, le romantique Alphonse de Lamartine (1790-1869), le grandiose Victor Hugo (1802-1885), le chimérique Gérard de Nerval (1808-1855), le charmant Alfred de Musset (1810-1857), le parnassien Leconte de Lisle (1818-1894), le maladif Charles Baudelaire (1821-1867), le poète maudit Paul Verlaine (1844-1896), l'enfant prodige Arthur Rimbaud (1854-1891) et son homologue québécois Émile Nelligan (1879-1941). Ces magnifiques pages que nous ont léguées nos illustres prédécesseurs, on ne doit jamais les laisser tomber dans l'oubli :

> Flaubert disait : « Lisez pour vivre. » En ce siècle matérialiste et technique où nous sommes, ne pourrait-on pas ajouter : Lisez des poèmes pour sauvegarder vos capacités de rêve, d'enthousiasme, d'imagination, pour conserver les possibilités d'évasion dont vous éprouvez un tel besoin, enfin pour vous réfugier ailleurs, dans le monde enchanté de l'harmonie poétique, là où tout est possible, là où il nous est donné d'enfourcher Pégase, le cheval ailé qui nous emporte, bien loin, dans le « champ des étoiles » dont parlait Hugo dans un de ces vers admirables que nous n'avons pas le droit d'oublier.
> — Jeanne Bourin, « Préface », *Les plus belles pages de la poésie française,* 1982

Ce fameux « champ des étoiles » qu'évoque Jeanne Bourin, de quel poème est-il tiré, le savez-vous ? Comment faire, dites, pour retrouver un bout de vers dans l'immensité de la production hugolienne ? Pour m'éviter bien des heures de vaines recherches, je me suis tourné vers celle de mon entourage qui risquait de connaître la réponse : ma mère, l'artiste. Elle est encore, à son âge, capable de vous réciter par cœur maints poèmes appris durant son adolescence chez les sœurs. Les vers recherchés étaient bel et bien restés gravés dans sa mémoire :

> Tout reposait dans Ur et dans Jérimadeth ;
> Les astres émaillaient le ciel profond et sombre ;
> Le croissant fin et clair parmi ces fleurs de l'ombre
> Brillait à l'occident, et Ruth se demandait,
>
> Immobile, ouvrant l'œil à moitié sous ses voiles,
> Quel dieu, quel moissonneur de l'éternel été,
> Avait, en s'en allant, négligemment jeté
> Cette faucille d'or dans le champ des étoiles.
> — Victor Hugo, « Booz endormi »,
> *La légende des siècles*, 1859

Je m'en serais voulu de négliger la littérature d'ici si je n'avais retenu que l'œuvre nelliganienne, même si l'on s'accorde à dire qu'elle reste ce que la poésie québécoise a produit de plus beau. Autant que faire se peut, j'ai émaillé mon travail de citations d'auteurs de chez nous, contemporains comme anciens. Pour cela, je dois une fière chandelle à Claude Beausoleil, qui a publié en 1992 une superbe anthologie intitulée *Montréal est une ville de poèmes vous savez,* dans laquelle sont présentés les textes de plus de 110 auteurs québécois sinon montréalais. J'y ai puisé à loisir. Autre source féconde à laquelle j'ai emprunté abondamment : l'anthologie de *La poésie québécoise* de Laurent Mailhot et Pierre Nepveu (1996), qui réunit les textes de plus de 140 poètes du Québec, des origines à nos jours. Je suis le premier à reconnaître que les citations de notre cru ont une résonance que ne peuvent égaler les citations étrangères, aussi belles et à propos soient-elles.

Bien loin d'être de la pédanterie ou de l'étalage d'érudition, les citations reflètent au contraire un désir de jonction avec la littérature franco-québécoise d'hier et d'aujourd'hui. Il y a même des dangers à procéder ainsi, car à force d'accorder une place aux grands noms de la littérature, on court le risque, par comparaison, de déprécier son propre travail. Baudelaire ou Nelligan je ne suis certes pas. J'ai simplement voulu exprimer, par citations interposées, la fraternité que je ressens en leur compagnie.

À me lire jusqu'ici, on pourrait penser que le présent ouvrage n'est qu'un recueil de poésie, alors qu'il n'en est rien. Il suffit de le feuilleter pour s'apercevoir qu'il est de facture mixte, et que les textes en prose, en fait, dépassent largement, en nombre de pages, les textes en vers. Quel est l'apport des textes en prose ? Quand je me suis lancé dans l'aventure de l'écriture littéraire, j'ai cru que j'allais faire un recueil de poésie, c'est tout. J'étais tombé sur un exemplaire des *Fleurs du mal*, qui furent pour moi une véritable épiphanie. Autant la poésie m'avait ennuyé à l'école (les récitations lui enlevaient tout son charme), autant je me suis laissé imprégner par elle en la redécouvrant à l'âge adulte. L'idée d'écrire des vers chantant mes bienheureuses retrouvailles avec ma ville natale a germé dans mon esprit à mesure que m'exaltait le parfum des fleurs maladives de Baudelaire. Mais l'écriture n'étant pas un phénomène statique, je me suis vite aperçu qu'un recueil composé uniquement de poèmes ne comblerait pas mon besoin d'expressivité. De fil en aiguille s'est imposée à moi la nécessité de compléter les poèmes par des textes en prose. Ainsi ces textes, et les illustrations qui enjolivent le tout, ajoutent au panneau central de la poésie les deux volets de la prose d'une part, et de l'art d'autre part[4]. Une lectrice de la première heure, me parlant de mon livre, a eu cette métaphorique trouvaille : « Je comprends ta démarche, Édouard, elle est faite d'un zeste de patrimoine, d'une goutte de pédagogie, nappée de poésie. » En termes plus prosaïques, je dirais que les poèmes amènent un thème, que les textes en prose le développent (souvent, comme le laisse entendre ma lectrice, dans le but de renseigner sur quelque aspect de Montréal) et que les illustrations l'agrémentent, comme une sauce un plat, comme un dessert un repas.

Une dernière remarque. Comme la lectrice (pas celle dont on vient de parler — vous) aura l'occasion de s'en apercevoir (le lecteur itou, les hommes n'étant pas moins perspicaces que les femmes !), l'ouvrage, si on devait le comparer à un animal, ressemble assez à une pieuvre dont Montréal serait la tête et les multiples extensions, les tentacules. De même que la pieuvre se nourrit en allongeant ses longs bras armés de ventouses pour capter sa proie, l'ouvrage s'enrichit

---

4. Quantitativement parlant, je suppose qu'il faudrait considérer que ce sont les textes en prose qui forment le panneau central. Et artistiquement parlant, les illustrations. Finalement, chacun accordera l'importance qu'il ou elle veut bien aux parties constituantes des « triptyques ».

en faisant des développements qui ne sont que des digressions apparentes. Vous en avez d'ailleurs un bel exemple ici même, puisque Montréal a étendu une tentacule jusqu'à l'antiquité grecque et à ces déesses qu'aiment tant invoquer les poètes en mal d'inspiration. À chacun sa muse. La mienne, on le sait désormais, s'appelle Marie (alias Montréal). Je lui ai commandé une vingtaine de poèmes assortis de prose, rien de moins. Il ne s'agissait pas que ma muse s'amuse !

III

La langue française est une femme. Et cette femme est si belle, si fière, si modeste, si hardie, si touchante, si voluptueuse, si chaste, si noble, si familière, si folle, si sage, qu'on l'aime de toute son âme, et qu'on n'est jamais tenté de lui être infidèle.
— Anatole France, *Propos,* 1921

HYMNE À LA LANGUE FRANÇAISE

Il est jusqu'aux étrangers qui se plaisent
À louer la beauté de la langue française[5].
Il n'y a pas d'autre peuple, j'en suis sûr,

---

5. Charles Dickens, qui n'est pourtant pas le dernier des écrivains anglais, a dit ceci dans une lettre datée de 1850: « La difficulté

Qui à sa parlure ainsi qu'à son écriture
Accorde une considération aussi grande.
Alors je m'interroge et je me demande :
D'où vient cet attachement à sa langue ?
La réponse, me semble-t-il, est évidente :
C'est que, avec leur langue, les Français
Entretiennent une passion, et une vraie !
Pour comprendre pourquoi il en est tel,
Il suffit de lire la citation du Prix Nobel
Qui à une femme irrésistiblement belle
Compare joliment sa langue maternelle.
L'illustre Molière, au sujet du français,
A exprimé jadis des propos, il est vrai,
De nature à contrarier les grammairiens,
Qui de l'idiome se sont érigés en gardiens.
À ses femmes savantes il a fait prétendre,
Et je cite : « Quand on se fait entendre,
On parle toujours bien. » Il n'en est rien,
S'indignèrent messieurs les académiciens,
Qui à donner de la langue une belle image
Se sont évertués en réglant le bon usage.
Or Molière, alias Jean-Baptiste Poquelin,
À le transgresser a pris un plaisir malin
Par la bouche de ses frustes personnages,
Paysans et autres gens de même acabit…
Qu'il a laissés s'exprimer sans ambages —
Leurs paroles ont heurté les gens d'esprit.
Je tire ma révérence avec cette boutade :
À côté du français toute langue est fade !

~

---

d'écrire l'anglais m'est extrêmement ennuyeuse. Ah, mon Dieu !
si l'on pouvait toujours écrire cette belle langue de France ! »

Ce qui fait la poésie, du moins aux yeux des traditionalistes comme moi, c'est la rime. Il ne faudrait pas oublier pour autant l'assonance, qui accomplit essentiellement la même fonction de reprise vocalique. Le lecteur et la lectrice toujours aussi perspicaces auront remarqué que le poème comporte deux vers assonancés plutôt que rimés (ceux qui se terminent par *langue* et *évidente*). L'assonance est un peu moins contraignante que la rime dans la mesure où à l'homophonie des voyelles finales ne s'ajoute pas celle des consonnes. Or, comme les sons vocaliques sont ceux qui revêtent le plus d'importance, l'assonance reste, en définitive, presque aussi riche que la rime, tout en offrant une plus grande liberté de composition.

Mais pourquoi cet hymne à la langue française? N'est-ce pas de Montréal qu'il s'agit ici? Précisément! Si la langue française en Amérique du Nord était un corps, Montréal en serait le cœur. Si elle était une forteresse assiégée, Montréal en serait le bastion. Si elle… Deuxième ville d'expression française au monde, Montréal contribue pour beaucoup à la vitalité linguistique de la francophonie. Même la « mère patrie », qui a toujours aimé faire les choses à sa manière, s'intéresse de plus en plus à ce qui se fait chez nous en matière de terminologie, daignant de temps en temps faire sienne certaines de nos trouvailles, une des dernières en date étant l'adoption officielle du néologisme québécois *courriel* pour l'anglo-américain *e-mail*, que les Français jusque-là traduisaient par *mel*, contraction de *message électronique*. Il y a raison de penser que les Québécois sont encore plus attachés au français que les Français eux-mêmes, étant donné qu'ils ont eu à lutter pour leur survie dans un contexte nord-américain où ils ne sont qu'une goutte d'eau dans une mer anglophone. Et moi qui rentre d'un long éloignement à Toronto, c'est avec un immense plaisir que je me suis replongé dans le bain franco-montréalais, où je me sens comme un poisson dans l'eau — pour poursuivre la métaphore de l'élément liquide!

« Peut-on dire d'une langue qu'elle est belle? » En abordant cette question presque taboue, le grand linguiste français André Martinet[6] a bien pris la peine d'insister sur le fait que les langues, d'un point de vue fonctionnel, se valent toutes comme outils de communication humaine. Selon lui, le problème de leur beauté ou de leur laideur relative est affaire d'appréciation purement subjective non pas tant de leurs caractéristiques internes (sons, mots, grammaire, etc.), mais des facteurs externes s'y rattachant (pays, habitants, culture, etc.). En tant qu'ex-linguiste libéré des interdits de ma discipline, je puis m'aventurer dans ce domaine où l'objectivité cède la place à la subjectivité. Pour faire court je dirais ceci: à chaque peuple de trouver sa langue belle. Ce qui distingue sans doute les parlants français des autres groupes linguistiques, c'est d'avoir fait de l'amour de leur langue une véritable institution. En définitive, ce n'est pas que le français, objectivement parlant, soit plus beau que les autres langues, c'est plutôt que les Français — entendons par là tous ceux et celles qui ont le français pour

---

6. *Revue d'esthétique,* 1969, p. 227-239.

langue maternelle — sont les locuteurs qui aiment le plus leur langue, par tradition. Et il est bien que les choses soient ainsi, car qui voudrait d'un monde où tous les peuples seraient coulés dans le même moule? Les Français se distinguent des autres peuples par leur patriotisme linguistique? Soit. Je ne vois aucun mal à cela, moi qui partage cet amour du français.

Alors continuons d'être attachés à notre langue, tant il est vrai qu'elle est belle, même si cette impression esthétique n'est autre chose, en définitive, qu'un préjugé favorable à l'idiome maternel. Regardez comme elle est ravissante, la jeune femme couronnée personnifiant la langue française! Continuons aussi de la célébrer en paroles et musique, des deux côtés de l'Atlantique:

> C'est une langue belle avec des mots superbes
> Qui porte son histoire à travers ses accents
> Où l'on sent la musique et le parfum des herbes
> Le fromage de chèvre et le pain de froment.
> — Yves Duteil, *La langue de chez nous,* 1985

> C'est une langue de France aux accents d'Amérique
> Elle déjoue le silence à grands coups de musique
> C'est la langue de mon cœur et le cœur de ma vie
> Que jamais elle ne meure, que jamais on ne l'oublie
> Que jamais elle ne meure, que jamais on ne l'oublie.
> — Michel Rivard, *Le cœur de ma vie,* 1989

Je vais sûrement en étonner plusieurs en concluant par cette question: comment se fait-il que l'on parle français au Québec? Remarquez bien que je ne demande pas:

comment se fait-il que l'on parle *encore* français au Québec? Ce n'est pas de la survie du français, que certains qualifient de quasi miraculeuse, que je veux parler ici. Non, je remonte aux premiers temps de la Nouvelle-France, aux temps d'avant la Conquête. Aux débuts de la Nouvelle-France, donc, était-il évident que le français était la langue de tous les colons? Encore une question de linguiste, me direz-vous! Oui, mais pour qui ne connaît pas le dossier, les faits peuvent surprendre. Un collègue et moi avons consacré un ouvrage collectif à ce problème historico-linguistique. Je vous laisse avec le début de l'argumentaire de la quatrième de couverture:

> Pourquoi le français s'est-il rapidement généralisé en Nouvelle-France, alors qu'aux XVIIᵉ et XVIIIᵉ siècles, en France même, les dialectes gallo-romans, comme le normand ou le poitevin, étaient encore bien vivaces et que le français n'avait réalisé que des gains modestes à leurs dépens?
> — Raymond Mougeon et Édouard Beniak, *Les origines du français québécois*, 1994

Je n'en dis pas plus. Si j'ai piqué votre curiosité, vous savez où aller pour l'assouvir: à votre bibliothèque municipale! Et si *Les origines du français québécois* ne s'y trouve pas, vous pouvez toujours demander qu'on vous en fasse venir un exemplaire de la Grande Bibliothèque qui ouvre officiellement ses portes au public cette fin de semaine, samedi 30 avril et dimanche 1ᵉʳ mai 2005. Elle méritait bien une bibliothèque à la mesure de la soif de lire de ses habitants. Qui? Montréal, ma ville natale à moi, fils d'immigrants...

IV

Donnez-moi vos pauvres, épuisés et las,
Vos foules entassées qui aspirent à un air plus libre,
Misérables déchets de vos rives grouillantes.
Envoyez-les-moi, ceux-là, les sans-toit, ballottés
par la tempête,
Je leur lève mon flambeau à l'entrée de la porte d'or.
— Emma Lazarus, *Le nouveau colosse*, 1883[7]

LES IMMIGRANTS

Montréal, que serais-tu sans tous ces braves gens,
Sans tous ces nouveaux arrivants, ces immigrants,
Qui de leur Vieux Continent sont venus chercher
Leur sort dans le Nouveau Monde à améliorer?

Ô que de larmes leurs tristes corps ont dû verser
En regardant les côtes ancestrales s'éloigner,
Et combien d'entre eux ont dû songer que jamais
Ils ne reverraient leurs terres natales — qui le sait?

Pour s'exiler ainsi vers de lointains rivages,
À bord de navires qui défiaient parfois les âges,
Que la guerre a dû leur inspirer le dégoût!

Mais l'air de la liberté est plus fort que tout,
Et partout où il souffle on a vu accourir
Les âmes que la folie humaine a fait souffrir.

~

---

7. Vers gravés sur le socle de la statue de la Liberté, à New York.

Depuis toujours, ce sont les fléaux (conflits armés, catastrophes naturelles, etc.) qui sont à l'origine des grands déplacements de population. Ce poème se veut un hommage à tous les Européens que la plus grande tragédie humaine de tous les temps — la Seconde Guerre mondiale — a poussés à appareiller pour la Terre promise, l'Amérique, où ils goûteraient de nouveau, espéraient-ils, à la paix et à la liberté. Mon père était au nombre de ces immigrants forcés. Si j'en ai l'occasion un jour, j'aimerais relater les péripéties de sa fuite hors de son pays natal, la Slovaquie, devant l'arrivée des forces « libératrices » de Staline, fuite qui l'a conduit en Autriche puis en France (où il a rencontré ma mère) en passant par l'Allemagne vaincue, avant de s'embarquer pour le Canada. Mon intention ici est de retracer l'évolution démographique de Montréal au cours des deux derniers siècles et demi[8], pour ensuite revenir brièvement sur le cas de mes parents.

Dans la première moitié du XVIIIᵉ siècle, Montréal est une petite ville prospère de quelque 5 000 âmes qui commence à déborder de son enceinte. Or voilà que, en 1756, la France et l'Angleterre entament une guerre qui durera jusqu'en 1763 (guerre de Sept Ans). La colonie laurentienne est plongée malgré elle dans le conflit. En 1759, la ville de Québec tombe aux mains des Anglais, dirigés par le général Wolfe, puis c'est au tour de Montréal, devenue capitale après la prise de Québec, de capituler en 1760. Trois ans plus tard, vaincue, la France signe le Traité de Paris (1763) qui scelle le sort de la colonie laurentienne (cession à l'Angleterre). Dire que la Nouvelle-France, voire l'Amérique du Nord tout entière, auraient pu être françaises si seulement Louis XV avait été mieux conseillé… Dans son célèbre roman *Deux solitudes,* Hugh MacLennan évoque, par personnage interposé (Athanase Tallard, notable du village fictif de Saint-Marc des Érables), la nostalgie de ce rendez-vous raté avec l'histoire :

> Son premier ancêtre canadien avait remonté le Saint-Laurent avec Frontenac, peu de temps après Cartier lui-même. Ce Tallard-là n'avait trouvé ici rien d'autre que des forêts, mais son instinct de Normand avait pressenti la bonne terre sous les arbres, et son

8. Pour cela, je me suis inspiré principalement du bref historique dressé par Francis Désilets au début du petit ouvrage de Sophie Aubin et Vicky Lacharité, *Je connais Montréal,* publié en 2002.

imagination de soldat avait été saisie par l'invulné-
rabilité de toute cette région du fleuve. Avec la ville
de Québec faisant bouchon de bouteille, la flotte
anglaise ne pourrait jamais accoster ici. Et s'étalant
en arrière du fleuve et du bouclier des Appalaches,
il avait, de connivence avec ses confrères officiers,
combiné le plus vaste mouvement d'encerclement
jamais enregistré dans l'histoire : une ligne de forts
disséminés à travers Montréal, Détroit, Pittsburgh,
Saint-Louis, puis jusqu'au golfe du Mexique,
bloquant ainsi les Anglais sur la mince bande de
continent en bordure de l'Atlantique. Ça, c'était de
l'imagination sur une grande échelle. Si l'on avait eu
à la cour de Versailles la même imagination pour les
soutenir, eh bien! tout ce continent aurait pu devenir
français.

— Hugh MacLennan, *Deux solitudes*, 1978, p. 157
[© *Two Solitudes*, 1945]

Ville française jusqu'à la Conquête, Montréal doit
désormais composer avec les vainqueurs anglophones.
Un gouvernement civil est mis en place assez rapidement
(1764). Mais comme il leur faut prêter fidélité et allégeance
à la couronne britannique et à la religion anglicane
(serment du Test), les francophones se trouvent exclus
du pouvoir politique. Cette situation dure jusqu'en 1774,
quand est adopté l'Acte du Québec qui abolit le serment
en question. L'économie montréalaise dépend encore
étroitement du commerce qui l'a rendue florissante, celui
des fourrures, qui passe alors aux mains des marchands
anglophones. Messieurs les Anglais avaient flairé la bonne
affaire en envahissant la Nouvelle-France. Laissons de
nouveau la parole à Hugh MacLennan (p. 157) :

Mais les Anglais, avec leur sens du lucre, furent en définitive les héritiers de ces perspectives ainsi entrevues [par les ancêtres d'Athanase Tallard] du jour où les politiciens de l'entourage du roi de France cédèrent la région du Saint-Laurent considérée par eux comme une immense étendue de neige et de glace sans avenir. Après ces événements, les Français qui restèrent au Canada n'avaient semblé pouvoir se découvrir aucun but commun, sauf celui de conserver leur identité. Et c'était miracle qu'ils fussent arrivés à le faire. Mais ce but avait été aussi comme une chaîne à leur cou, car il les avait rendus prudents, conservateurs et statiques.

Montréal subit ensuite les contrecoups de la guerre de l'Indépendance des États-Unis (1775-1782). Les troupes américaines envahissent la ville et tentent de soulever les habitants contre la couronne britannique. Elles se retirent sans avoir réussi à rallier les Montréalais à leur cause. C'est alors qu'arrivent les Loyalistes restés fidèles à la couronne britannique après la victoire des révolutionnaires. Ils sont nombreux à s'installer à Montréal. C'est un deuxième choc linguistique en peu de temps pour la population de langue française, après celui de la Conquête.

L'Angleterre et les États-Unis reprennent les hostilités à peine un quart de siècle plus tard (guerre de 1812-1814). Une fois de plus les Américains marchent sur Montréal, dont la population, fidèle à elle-même, choisit encore la neutralité. Une fois la paix revenue, l'immigration en provenance des îles britanniques reprend. L'année 1845 marque le début de la grande famine en Irlande. La principale culture, celle de la pomme de terre, est ravagée par un parasite, entraînant l'émigration de nombreux Irlandais vers le Canada. Bon nombre de ces nouveaux arrivants élisent domicile à Montréal, alors que d'autres vont s'établir dans les territoires de l'Ouest nouvellement ouverts à la colonisation. Montréal en est à son troisième choc linguistique en cinquante ans après cette arrivée massive de colons de langue anglaise, surtout en provenance de «l'île d'Émeraude».

Comme il fallait s'y attendre, Montréal voit sa majorité linguistique basculer du côté anglophone au milieu de XIXe siècle, et ce, malgré la fécondité notoire des familles canadiennes-françaises (la fameuse «revanche des berceaux»). Eh oui, il fut un temps où les habitants de la ville étaient plus nombreux à prononcer *Mon-tree-all* que *Mont-ré-al!* Comment la cohabitation des deux communautés linguistiques se passe-t-elle? Comment se répartissent-elles la ville? Les divisions qui apparaissent alors sont celles qui s'observent encore aujourd'hui. Les francophones occupent surtout l'est de la ville (exception faite du quartier Saint-Henri), les anglophones l'ouest. Mais à l'intérieur de chaque groupe linguistique se dessine une sous-répartition en fonction de la classe sociale. Ainsi, les anglophones les moins fortunés (les Irlandais catholiques) se regroupent dans le quartier ouvrier de Saint-Henri, les plus fortunés sur le versant sud-ouest du mont Royal (Westmount). Quant aux francophones les mieux nantis, ils se concentrent sur le versant nord-est de la montagne (Outremont). C'est en écrivant ce texte que j'ai pris conscience du symbolisme de cette répartition : la montagne tout entière sépare les couches supérieures des deux groupes linguistiques, qui se trouvent, de ce fait, diamétralement opposées. Tandis que les mieux nantis ont les moyens de ne pas se fréquenter, les ouvriers canadiens-français et canadiens-anglais vivent coude à coude à Saint-Henri, qui devient en quelque sorte un lieu de réconciliation, avant l'heure, des deux solitudes évoquées par Hugh MacLennan.

Dans la deuxième moitié du XIXe siècle, Montréal connaît une période de grande prospérité économique (l'ère de l'industrialisation et de la colonisation de l'Ouest), accompagnée d'une forte croissance démographique. La ville manque de travailleurs. Ce besoin sera comblé par l'immigration en provenance de l'étranger (îles britanniques) et des campagnes avoisinantes (exode rural). Montréal voit sa population multipliée par trois entre 1861 et 1901, passant de 90 323 à 267 730 habitants. Hugh MacLennan (p. 39) évoque ce mariage de raison entre l'industrialisation et les besoins de main-d'œuvre d'une part, et le surpeuplement des campagnes et l'exode rural d'autre part, témoin cette réflexion d'Athanase Tallard qui, lui, est en faveur du progrès représenté par la science et l'industrialisation, contrairement au curé de la paroisse, l'abbé Beaubien :

La province de Québec était tenace. Elle avait toujours détesté et combattu la révolution industrielle. Des prêtres comme l'abbé Beaubien s'élevaient contre la corruption des villes d'usines. Ils voulaient ainsi garder leurs gens sur la terre aussi longtemps que possible.

Les membres du clergé canadien-français ont beau voir d'un mauvais œil cet exode rural (la ville corrompt, comme ils disent), ils sont impuissants à l'enrayer. La nécessité de survie l'emporte sur le désir de fidélité à la terre.

Deux faits vont marquer la période 1850-1900 : premièrement, grâce à l'afflux massif de francophones d'origine rurale, Montréal retrouve sa majorité de langue française ; deuxièmement, le caractère jusque-là biculturel de la ville change à tout jamais avec l'arrivée, à la fin du XIXᵉ siècle, de nouvelles vagues d'immigrants. Il s'agit surtout de Juifs, d'Italiens et d'Allemands.

Même freinée par deux guerres mondiales et une crise économique sans précédent entre les deux, la population de Montréal continue sa croissance rapide, doublant durant la première moitié du XXᵉ siècle. Ainsi passe-t-elle, entre les recensements de 1911 et 1951, de 467 986 à 1 021 520 habitants. Certes l'accroissement naturel y est pour quelque chose, mais l'exode rural des Canadiens français se poursuit, de même que l'immigration. Aux rangs des communautés juive, italienne et allemande arrivées plus tôt, et qui continuent de croître grâce à l'apport de nouveaux arrivants, viennent s'ajouter de nouvelles vagues d'immigrants en provenance des îles britanniques et de l'Europe de l'Est. C'est à cette dernière vague que se rattache mon père, arrivé au Canada le 9 février 1950 à bord d'un navire battant pavillon grec, dont c'était le dernier voyage et qui, après avoir déchargé sa cargaison humaine dans le port de Halifax, porte d'entrée du pays en ce temps-là, allait prendre le chemin de la ferraille. La coque de ce vieux rafiot grinçait tellement sous les assauts répétés de l'Atlantique, m'a raconté mon père, que les pauvres immigrants à son bord doutaient d'arriver un jour à bon port!

L'espoir initial que mon père avait nourri de retourner dans sa Slovaquie natale au bout de quelques années de «vagabondage» en Europe s'était estompé à mesure que s'enracinait le régime communiste. Tant et si bien que, hormis un bref séjour de quelques semaines au début des années 1970, mon père n'a jamais remis les pieds dans son pays depuis 1945. Je me suis longtemps interrogé sur son manque apparent de nostalgie, et j'ai fini par comprendre que le mal du pays est l'ennemi sournois de l'exilé. Ayant réussi son intégration au Québec, rien ne servait de remuer le couteau dans la plaie du passé.

Comme on manquait de main-d'œuvre dans certaines fermes, mon père s'est retrouvé à Brantford, en Ontario, petite ville au sud-ouest de Toronto, chez des cultivateurs de tomates et de tabac, eux-mêmes des Slovaques arrivés au pays plus tôt. Au bout de quelque temps, et après avoir amassé quelques sous, il déménagea à Montréal où l'attendaient des proches (son père, des cousins, des amis) et où devait venir le rejoindre incessamment ma mère rencontrée à Paris, deux années auparavant.

Le cas de ma mère est différent. Exilée par amour pour son prince charmant de Slovaquie, elle fit la traversée sur un luxueux paquebot français comme passagère de première classe (grâce aux bons soins de son frère Yves, commissaire du bord). À l'instar de bon nombre d'immigrants, elle arriva en Amérique du Nord par le port de New York, à l'entrée duquel se dresse la fameuse statue de la Liberté. Dès le lendemain de son arrivée en provenance du Havre, à bord de *l'Île-de-France*, le 24 décembre 1951, elle prenait le train pour Montréal. Ma mère se souvient qu'il y faisait un froid de canard le jour de Noël et qu'elle faillit s'évanouir dans un banc de neige, elle qui n'avait connu que la douceur relative des hivers normands!

Comme tous les enfants d'immigrants, sans doute, je remercie le bon vent d'avoir poussé mes parents vers les rives accueillantes du Canada. J'ai peine à imaginer endroit plus propice que le Québec où venir au monde. Sans ses immigrants, Montréal ne serait pas ce qu'elle est. Et sans mes parents, je ne serais pas là pour vous parler de ma ville natale…

V

J'aime ma ville natale. J'aime y être à la fois piéton, découvreur et flâneur. Ce que j'aime de Montréal, c'est qu'elle devient rapidement familière. Elle ne cache que son sous-sol, qu'elle livre pourtant à ceux qui veulent s'y engouffrer, ventre chaud des lueurs du temps arrêté. Montréal est cette ville du Nord que le froissement des langues a rendue à la nécessité de réinventer le français dans des accents inattendus.
— Claude Beausoleil, « Présentation », *Montréal est une ville de poèmes vous savez*, 1992, p. 10

MONTRÉAL, VILLE NATALE

Vous tous qui vivez et qui êtes nés quelque part,
Sachez que le jour, je l'ai vu à Montréal,
Et qu'ici sur mon front coula l'eau baptismale,
Comme sur l'existence coule le destin, le hasard !

Hélas, c'est la plus grande horreur de tous les temps
Qui poussa père et mère vers le lointain là-bas,
Vers la grande ville, la métropole du Canada,
Ô havre de paix sur les bords du Saint-Laurent !

Un jour que je me promenais avenue Durocher,
Devant ma maison natale j'ai vu que passaient
Des hommes noir vêtus aux cheveux qui ondulaient.
Mes amis sont encore là, rien n'a donc changé !

~

Il est bon que les poètes célèbrent leur ville natale.
Cela proclame à la face de l'univers qu'elle est digne
d'être habitée, qu'il y fait bon vivre. Peut-on imaginer
venir au monde dans une ville qui ne saurait inspirer
les poètes ? Assurément, ce serait une ville invivable,
et ils s'empresseraient d'aller courtiser une autre

muse. Par bonheur, je ne suis que le dernier dans une longue lignée de poètes qui ont chanté Montréal, et auxquels Claude Beausoleil a rendu hommage dans son bel ouvrage cité en épigraphe :

Des poètes par dizaines ont parlé de Montréal, y ont fait l'expérience du langage dans un lieu à bâtir, entre la fragilité des choses et la ténacité du réel. Les poètes ont fait de Montréal le réservoir de leurs rêves. Lire les poèmes qui parlent de Montréal, c'est découvrir une version de l'histoire de la poésie québécoise des origines à maintenant. (p. 11)

Montréal, donc, fait partie de ces villes dont on peut dire qu'elles sont belles, qu'elles sont attachantes, qu'elles donnent envie d'y retourner après une absence qui s'est étirée plus qu'elle n'aurait dû. Si vous aviez ressenti ce que j'ai ressenti en revenant vivre à Montréal au bout de presque vingt-cinq ans, vous auriez peut-être eu envie, vous aussi, d'exprimer à votre manière ces émotions qui ne se vivent que rarement dans la vie d'un homme ou d'une femme. C'est pourquoi je me devais de battre le fer pendant qu'il était chaud, de peur que s'estompent ces impressions fortes liées au retour d'exil.

Un des premiers lieux sur lesquels je suis retourné est celui de ma naissance. J'ai vu le jour au 5607 de l'avenue Durocher, entre Saint-Viateur et Bernard, à Outremont. Avant la fin de ma première année, l'appartement du sous-sol devenant trop petit (y habitaient, outre mes parents et leur premier-né, mon grand-père paternel, ainsi qu'une tante et un oncle maternels), tout ce petit monde a déménagé dans un logement beaucoup plus spacieux situé au 945 de l'avenue Davaar, entre Van Horne et Rockland, toujours à Outremont. Ma mémoire, bien entendu, n'a conservé aucune trace de ces premiers mois passés dans la maison natale de l'avenue Durocher. Revenant avec émotion sur ce lieu antérieur au souvenir, j'y ai trouvé une belle demeure de deux étages avec des vitraux dans la partie supérieure des fenêtres. Devant, un jardinet coquet (pelouse et arbre) entouré d'une clôture miniature blanche faite de piquets disposés à intervalles réguliers et reliés par des chaînons. Un court chemin mène du trottoir aux escaliers de la véranda, qu'orne un petit parterre de fleurs. Au-dessus de la véranda, soutenu par quatre colonnes blanches, un balcon duquel pendent des jardinières fleuries.

Durocher est une belle avenue résidentielle bordée de grands arbres ombreux. Cela tombe bien, il fait chaud en cette splendide journée d'été. Je me suis posté en face de la maison natale, de l'autre côté de la chaussée, pour consigner dans mon petit carnet de notes noir ces observations que je suis en train de vous livrer. Pendant que je m'affaire, des messieurs à l'apparence tout aussi noire que mon carnet, avec des bouclettes de cheveux sur les côtés du visage, traversent la scène devant moi. Le tableau est complet ! En effet, j'allais y venir : Outremont, quartier à majorité canadienne-française, abrite depuis fort longtemps une communauté juive orthodoxe dont les hommes se reconnaissent à leur tenue vestimentaire sombre de la tête aux pieds, et à leurs frisettes. Est-ce que le fait

d'être né dans la partie juive d'Outremont y est pour quelque chose? Je ne sais pas. Toujours est-il que je ressens une sympathie particulière pour les descendants d'Abraham et que je ne renie aucunement ma naissance «parmi eux»!

Ce retour en arrière a quelque chose d'intimement personnel, j'en conviens, mais n'est-ce pas dans le personnel et l'intime, justement, que l'on rejoint l'expérience universelle de l'homme? Plusieurs grands noms de la littérature française ont abordé ce thème du lecteur qui se reconnaît dans l'individualité de l'auteur, mais nul ne l'a fait mieux que Victor Hugo, qui écrit dans la préface de ses *Contemplations* (1856):

> Qu'est-ce que les *Contemplations*? [...] Est-ce donc la vie d'un homme? Oui, et la vie des autres hommes aussi. Nul de nous n'a l'honneur d'avoir une vie qui soit à lui. Ma vie est la vôtre, votre vie est la mienne, vous vivez ce que je vis; la destinée est une. Prenez donc ce miroir, et regardez-vous-y. On se plaint quelquefois des écrivains qui disent moi. Parlez-nous de nous, leur crie-t-on. Hélas! quand je vous parle de moi, je vous parle de vous. Comment ne le sentez-vous pas? Ah! insensé, qui crois que je ne suis pas toi!

En me racontant, c'est aussi Montréal que je raconte. En parlant de mon Montréal, c'est aussi de votre Montréal que je parle. Mais de *notre* Montréal, connaissons-nous les origines du nom?

L'appellation Montréal a d'abord désigné la montagne, ensuite l'île et enfin la ville elle-même. C'est Jacques Cartier qui, en 1535, lors de son second voyage, utilise la première fois l'expression mont Royal pour baptiser la montagne. Dans ses relations, il cite: « *Et au parmy d'icelles champaignes, est scituée et assise ladicte ville de Hochelaga, près et joignant une montaigne… Nous nommasmes icelle montaigne le mont Royal.* » Notez bien qu'au XVIᵉ siècle, *royal* se dit aussi *réal*, d'où mont Royal donnant mont Réal ou Montréal, comme on l'utilise aujourd'hui.

Lorsque la Société Notre-Dame pour la conversion des Sauvages (sic) envoie Maisonneuve pour fonder une ville sur l'île de Montréal en 1642 (l'île est ainsi appelée de par la présence de la montagne), le premier nom de la nouvelle cité est Ville-Marie, en l'honneur de la vierge, protectrice attitrée du bourg. Cependant, dès les premières années de son existence, Ville-Marie est aussi désignée par le nom de Montréal — notamment par certains cartographes de l'époque — au même titre que la montagne.

Ainsi, jusqu'au XVIIIᵉ siècle, époque où, sans raison officielle, l'appellation de Montréal supplante celle de Ville-Marie, la ville était appelée, parfois simultanément, parfois indépendamment, Montréal et/ou Ville-Marie.

— Centre d'histoire de Montréal, *www2.ville.montreal.qc.ca/chm*⁹

---

9. Nous reparlerons du nom de Montréal dans le chapitre XIII, *Prosopopée de la montagne.* Celle qui était là depuis le début, qui a tout vu, s'animera pour participer à la discussion. Quand une montagne prend la parole, quand on la lui donne, on se tait et on écoute!

Quel grand détour il m'aura fallu faire pour revenir enfin sur le lieu de ma naissance! Comme si le long exil torontois n'avait pas suffi, j'ai aussitôt amorcé ce qui aurait pu devenir un second exil, cette fois outre-Atlantique. Qu'allais-je faire là-bas, moi qui n'avais envie que d'ici? Mes retrouvailles avec Montréal, avant que d'être heureuses, allaient nécessiter une douloureuse séparation...

VI

Mon enfant, ma sœur,
Songe à la douceur
D'aller là-bas vivre ensemble ! […]

Là, tout n'est qu'ordre et beauté,
Luxe, calme et volupté.
— Charles Baudelaire, « L'invitation au voyage »,
Les fleurs du mal, 1857

LA SÉPARATION

À celle qui est restée en France

Le dixième jour du neuvième mois,
quittant tout sans le moindre émoi,
elle s'envolait vers la lumière,
je suivais tel l'enfant sa mère.

Elle entrait dans l'onde lumineuse,
d'être chez elle enfin heureuse,
pour moi il faisait déjà sombre,
je me cachais dedans son ombre.

Plongé dans la nuit des ténèbres,
assailli de pensées funèbres,
je retournais parmi les miens,
elle demeurait avec les siens.

Comment ce qui à l'un convient,
peut-il nuire à l'autre à ce point,
et n'y a-t-il donc plus d'espoir
pour qui tout est funeste et noir?

Seul le temps, le temps s'écoulant,
soulage de sa peine le souffrant,
mettant peu à peu une barrière
entre l'aujourd'hui et l'hier.

Mais le temps qui passe et sépare,
allonge la distance, creuse l'écart,
en éloignant des yeux l'âme sœur,
l'éloigne aussi hélas du cœur…

≈

Du 31 janvier au 27 avril 2003, le Musée des beaux-arts de Montréal présentait une superbe exposition sur l'avant-garde française de Gauguin à Matisse, intitulée *L'invitation au voyage*. Pourquoi ce titre emprunté à l'un des plus célèbres poèmes de Baudelaire? Parce que ces grands artistes de la fin du XIXe et du début du XXe siècle, à travers les scènes évoquées dans leurs toiles, ont voulu nous transporter par la pensée vers les doux paysages méditerranéens, les rives exotiques de la Polynésie, voire le Paradis perdu. Qui d'entre nous n'a pas cherché un coin de terre où il ferait bon vivre? Comme le narrateur dans le poème de Baudelaire, la France m'a convié au voyage. Du pays d'origine de ma mère et de ma femme je m'étais fait une image idyllique remontant à mes premiers séjours là-bas étant enfant. Mais gare à qui confond rêve (vacances) et réalité (vie au quotidien)! Quitter son pays natal pour un autre, fût-ce celui de celle qui vous a mis au monde ou de celle que vous avez épousée, demande que l'on ait de la suite dans les idées! En avais-je? Il faut croire que non.

J'ai suivi ma femme en France davantage pour échapper à une vie torontoise qui m'était devenue pesamment routinière, que pour repartir sur des bases solides là-bas. Qu'étaient mes intentions? Eh bien, je voulais surtout rompre avec mon passé de chercheur universitaire puis de traducteur-réviseur pour enfin me consacrer à ce que je sentais, dans mon for intérieur, être ma véritable vocation: l'écriture. Hélas, l'inspiration me fit cruellement défaut sur le sol de mes ancêtres maternels. Aucune muse hexagonale ne vint au secours de l'aspirant écrivain. J'étais comme insensibilisé aux charmes pourtant indéniables du vieux pays. Je broyais du noir devant mon écran blanc. Un fin psychologue vous dirait que le mal couvait en moi depuis longtemps et que cette tentative d'émigration ratée ne fut que la goutte d'eau (une grosse goutte, accordez-le-moi!) qui fit déborder le vase. Et que ce n'est pas en changeant le mal de place qu'on s'en débarrasse. J'avais l'impression d'être coincé en terre étrangère. Quand on n'a pas protégé ses arrières, comment revenir sur ses pas?

La sagesse populaire dit proverbialement qu'à quelque chose malheur est bon. Le malheur ne fut pas d'avoir quitté la Ville reine, car d'un changement de décor j'avais grand besoin. Il fut de ne pas avoir reconnu que, dans ma condition, aller d'un exil (Toronto) à un autre (Lyon) n'allait rien régler du tout. Mais sans cette émigration avortée, je n'aurais jamais pris conscience d'un aspect fondamental et jusque-là ignoré de mon identité: j'étais nord-américain bien plus que j'étais européen, j'étais canadien bien plus que français, québécois bien plus que rhône-alpin, montréalais bien plus que lyonnais. Il était désormais clair comme de l'eau de roche de quel côté de l'Atlantique se situaient mes vraies racines. Et pour ma femme il n'était pas moins clair de quel côté se trouvaient les siennes. Entre les deux, le vaste océan de la séparation…

Montréal a ouvert ses bras à l'enfant du pays qui rentrait en catastrophe, le cœur meurtri, la conscience coupable, l'âme noire. L'impression d'espace en atterrissant à Mirabel, le premier aperçu de la montagne dominant la ville, les hautes tours se silhouettant sur le ciel, le pont Jacques-Cartier enjambant le fleuve Saint-Laurent, les îles voguant au milieu des flots, les monts régiens se succédant au loin, tout sembla me dire : « Tu es maintenant en terrain de connaissance. » Et les jours, les semaines, les mois à venir n'allaient que conforter ce sentiment initial de bonheur mêlé de gratitude d'être enfin de retour chez moi. C'est alors que j'eus comme une révélation un jour que je me promenais seul à Montréal sans autre but que de m'imprégner de ses charmes. Le sujet que j'avais cherché en vain en France m'apparut soudain comme une évidence : j'écrirais un livre sur Montréal ! À la manière de Gabrielle Roy, sans me presser et en prenant tout le temps qu'il faut. J'avais trouvé mon inspiration, j'étais sauvé des eaux, j'allais refaire surface. Pas étonnant que ma page soit restée blanche là-bas, à mille lieues de ma muse, Montréal !

Reporter, voire ne pas réaliser le grand rêve de sa vie, quel qu'il soit, c'est s'exposer à une frustration grandissante et se priver de la joie passionnelle que procure l'accomplissement de son destin, de sa « légende personnelle » comme dirait le célèbre écrivain brésilien Paulo Coelho. Mais pour qui le passage à l'acte de la réalisation de soi est un pas difficile et effrayant à franchir, il faut une bonne dose de courage et de conviction. Or la vie est ainsi faite (si l'on croit au destin) qu'elle rappelle tôt ou tard à l'ordre les personnes qui n'osent pas s'aventurer sur le chemin de leur vocation. Comment ? En leur faisant subir des épreuves douloureuses au sortir desquelles elles se retrouvent face à leur destin, par exemple la perte d'un emploi qui ne convient pas mais auquel on s'accroche car « il faut bien vivre ». C'est pourquoi tant hésitent à faire le grand saut dans l'inconnu de l'écriture. Avant même le dur passage à l'acte vient la prise de conscience. Paulo Coelho l'a bien exprimé qui, en 1998, dans sa note de l'auteur de *La cinquième montagne*, revient sur le message principal de son premier best-seller : « La thèse centrale de mon roman *L'alchimiste* réside dans une phrase que le roi Melchisédech adresse au berger Santiago : "Quand tu veux quelque chose, tout l'Univers conspire à te permettre de réaliser ton désir". »

En guise d'illustration, prenons le cas de l'écrivain montréalais Yann Martel. L'auteur primé de *L'histoire de Pi* (2003) est non seulement bourré de talent mais surprenant de surcroît, lui qui, dans sa note liminaire, explique qu'il était allé passer quelques mois en Inde pour écrire un roman situé dans le Portugal de la fin des années 1930. Quel rapport entre l'Inde d'aujourd'hui et le Portugal de « la pré-guerre », vous demandez-vous ? Strictement aucun, mais là n'est pas la question. Ce qu'il importe de savoir, c'est que Yann Martel, en bon romancier qu'il est, s'était soigneusement documenté avant son départ, de sorte qu'il pouvait élire domicile où bon lui semblait, le temps de s'adonner à sa tâche d'écrivain. Ce qu'il fit en Inde, sauf que l'ébauche dont il accoucha fut décevante à ses yeux. Le bébé était ingrat et, qui plus est, mort-né. C'était malgré les apparences un bien puisque, sans cet échec, il n'aurait peut-être jamais rencontré l'homme qui allait lui « souffler à l'oreille » l'histoire de son roman à succès, ce conte philosophique racontant les 227 jours en mer d'un jeune naufragé indien prénommé Pi, dérivant au gré des vents et des courants dans une embarcation de sauvetage avec pour seule compagnie des animaux de zoo, dont un tigre du Bengale de 200 kg.

Si vous pensez que je m'éloigne de mon sujet, je vous rassure sur-le-champ. Premier rapport : comparé à l'auteur de *L'histoire de Pi*, de quoi ai-je l'air, moi qui viens d'avouer mon incapacité à rédiger quoi que ce soit pendant mon séjour à l'étranger ? Admettons pour les besoins de la discussion que je sois parti en France avec l'idée d'un livre en tête. L'aurais-je entamé là-bas, comme Martel le sien (le roman portugais) en Inde ? Rien n'est moins sûr. Pourquoi ? Pour la bonne et simple raison que je ne m'étais pas préalablement documenté (la bonne raison) et que — n'ayons pas peur d'appeler les choses par leur nom — j'étais déprimé (la simple raison).

Deuxième rapport : il nous a fallu chacun aller à l'étranger pour trouver notre véritable source d'inspiration, par des moyens aussi détournés qu'inattendus. Le hasard parfois fait bien les choses ! Il paraît que toute vérité n'est pas bonne à dire, mais certaines vérités valent la peine d'être dites. Yann Martel en sait quelque chose, lui qui, toujours dans sa note, révèle que, après son échec livresque (le roman portugais), il a dû vaincre sa gêne à avouer qu'il était écrivain quand des gens, rencontrés au gré de ses pérégrinations indiennes, lui posaient la question de son statut professionnel. C'est grâce à cet acte d'affirmation courageux (« je suis écrivain ») qu'il fut récompensé par Dieu (lequel, demanderait peut-être

Yann Martel, celui des chrétiens? des hindous? des musulmans?) : il mit sur son chemin le vieil homme qui, par son attitude générale sinon par ses propos précis, allait lui inspirer *L'histoire de Pi*.

Troisième et dernier rapport : c'est à Pondichéry, autrefois capitale de l'Inde française, que Yann Martel rencontra le vieillard qui, apprenant qu'il était écrivain, allait transformer son existence en lui disant : « J'ai une histoire qui vous fera croire en Dieu. » Où s'arrête la réalité et où commence la fiction n'est pas clair mais, de l'aveu de l'auteur, sa note liminaire est véridique à quatre-vingt-dix pour cent. C'est déjà faire preuve de beaucoup d'originalité que d'écrire une note de l'auteur qui ne soit pas entièrement factuelle. Il faut être romancier jusqu'au bout des ongles pour maquiller les faits entourant la naissance de son ouvrage. Mais, si ce n'est déjà fait, lisez donc *L'histoire de Pi*, je vous en ai assez dit! Et au cas où vous ne l'auriez pas saisi, le troisième rapport entre la situation de Yann Martel et la mienne est notre lien commun avec la France, hexagonale dans mon cas, coloniale dans le sien!

Il reste que mon livre à moi n'est pas de la fiction. Il fallait que je sois à Montréal pour écrire un livre sur Montréal. Il fallait que je puisse m'inspirer à volonté de tout ce qui fait Montréal : sa géographie montagneuse et fluviale, ses quartiers variés, ses rues avec leurs maisons couronnées et leurs escaliers extérieurs, ses personnages disparus jadis ou naguère, ses saisons contrastées, ses ambiances, etc.

J'en ai terminé avec mes aveux liminaires. Qu'ils puissent, après vous en avoir entrouvert la porte, vous donner l'envie de finir d'entrer dans mon confessionnal un peu spécial. Pour une fois, c'est le confesseur qui se confesse !

L'EXIL OU LA FIN DE L'INNOCENCE

VII

Pourquoi le prononcer ce nom de la patrie ?
Dans son brillant exil mon cœur en a frémi ;
Il résonne de loin dans mon âme attendrie,
Comme les pas connus ou la voix d'un ami.
— Alphonse de Lamartine, « Milly ou la terre natale »,
Harmonies poétiques et religieuses, 1830

ADIEU MONTRÉAL

Rien ne dure en ce monde matériel.
Quand ce ne sont pas les autres qui s'en vont,
C'est nous hélas qui nous en allons ;
Cela revient au même, rien n'est éternel.

Ainsi, faisant confiance en l'avenir,
J'ai abandonné derrière moi le passé ;
Des êtres et des choses naguère aimés,
Je n'ai conservé que le tendre souvenir.

Adieu parents, frères, amis, amours,
Adieu fleuve sanctifié, adieu mont Royal,
Adieu quartiers, rues de Montréal,
Ah ! que ne m'avez-vous retenu pour toujours ?

Ah ! que ne m'avez-vous empêché
De courir, ainsi que l'on court à sa peine,
Vers l'éternelle rivale, la Ville reine,
Là-bas, sur le grand lac de l'immensité ?

~

Si je passe en revue mon demi-siècle d'existence, il me semble, d'après mon expérience personnelle — en laquelle se reconnaîtront peut-être mes consœurs et confrères humains —, que la vie nous met en face de choix dont nous ne soupçonnons pas toute la portée au moment où ils se présentent à nous. Et de la décision prise à la croisée des chemins dépendront les cinq, dix, quinze, vingt, vingt-cinq… prochaines années de notre temps ici-bas.

En décidant d'aller faire mes premiers pas professionnels à Toronto en 1977, je ne pouvais imaginer que ce choix allait m'arracher à mes racines montréalaises pour une si longue durée. Je ne pouvais imaginer non plus que, pour ajouter à mon malheur, il allait m'arracher des bras de celle que j'aimais. Si j'avais pu deviner l'avenir, si j'avais vu que ma route allait commencer par une rupture sentimentale, si j'avais su qu'elle allait s'étirer en un long exil, je ne me serais pas précipité dans la gueule du loup ! La vie nous paraît linéaire même quand elle est en train de prendre un important virage. Ainsi les tournants de l'existence sont-ils parfois si grands qu'on ne les voit pas, comme la courbure de la terre.

Ah l'exil, source d'inspiration féconde pour les courtisans des muses ! Difficile d'évoquer ce thème de poème en poème, de prose en prose, d'image en image sans avoir une pensée pour le plus célèbre exilé de la littérature française, je veux parler de Victor Hugo, dont le séjour forcé à l'étranger, d'abord en Belgique (1851-1852), puis à Jersey (1852-1855) et enfin à Guernesey (1855-1870) aura duré dix-huit ans. Il aurait écrit quelque part dans sa volumineuse production que « l'exil est une espèce de longue insomnie ». De même que l'insomnie est l'éveil dans l'attente du sommeil, l'exil est l'éloignement dans l'attente du retour.

VIII

La trahison de Judas
Alors l'un des Douze, qui s'appelait Judas Iscariote, alla trouver les grands prêtres et leur dit : « Que voulez-vous me donner, et moi je vous le livrerai ? » Ceux-ci lui versèrent trente pièces d'argent. Et de ce moment il cherchait une occasion favorable pour le livrer.
— *L'Évangile selon saint Matthieu,* chapitre 26, versets 14-16

LE TRAÎTRE

Comment ai-je pu oser,
Ô toi qui m'as vu naître,
Pour l'autre te quitter,
Moi le Judas, le traître ?

Vingt-trois années d'exil,
À quoi cela rime-t-il,
Quand de toi, Montréal,
J'ai toujours eu le mal ?

Ah tu sais ce qu'éprouve
Qui ma peine a connu ;
Enfin je suis revenu,
Enfin je te retrouve.

~

Le printemps 1977 marquait la fin de mes études de maîtrise en linguistique à l'Université McGill. Le choix devant moi était double : soit accepter le

poste de chercheur qu'on m'offrait à l'Université de Toronto, soit poursuivre des études doctorales dans l'un des établissements d'enseignement supérieur qui avaient accepté ma candidature, entre autres l'Université de l'Alberta à Edmonton, où devait se rendre mon meilleur ami, Ken, pour faire sa maîtrise en éducation physique. Si j'ai bonne mémoire, la décision s'est prise toute seule dans la mesure où, l'été arrivant à grands pas, j'ai dû me rendre à l'évidence que je ne parviendrais pas à terminer mon mémoire de maîtrise à temps pour la prochaine rentrée universitaire. C'est donc en quelque sorte par défaut que j'ai pris la route de Toronto pour entamer ma vie professionnelle.

Quelles furent mes toutes premières impressions de Toronto, « l'autre » du poème ? Je me rappelle très bien l'arrivée en gare Union au pied de l'imposante tour du CN. Il faisait un temps splendide. Je n'avais encore jamais mis les pieds dans la Ville reine et ne connaissais d'elle que la fameuse équipe de hockey, les *Maple Leafs,* et la toute nouvelle tour, inaugurée l'année précédente, en 1976. J'avais rendez-vous ce jour-là avec un professeur dont l'équipe de recherche était à court d'un membre. Allais-je faire l'affaire ? On m'avait expliqué que la station de métro St. George donnait directement accès à l'immeuble où je devais me rendre, rue Bloor. Malgré cela, je me trompai et passai par l'extérieur, ce qui ne fut pas plus mal, dans le fond, puisque le temps était radieux, comme je l'ai dit. L'entrevue d'embauche fut concluante et on m'offrit un poste à temps plein assorti d'un salaire de départ d'une douzaine de milliers de dollars par an. Ce montant me parut substantiel, moi qui avais survécu deux années dans le « ghetto » de McGill, rue Hutchison, avec le maigre pécule versé aux enseignants auxiliaires (*teaching assistants*). Comme le poste que je venais de décrocher était vacant depuis un certain temps déjà, on était pressé que je m'installe à Toronto. Le plus tôt serait le mieux. L'entrevue eut lieu vers la mi-mai. Début juin je reprenais le train pour la Ville reine, loin de me douter que la femme aimée que je laissais à Montréal, le temps de nous trouver un logement, comploterait contre moi et se métamorphoserait en femme perfide.

Si la nostalgie de Montréal m'a habité tout au long de mon exil torontois, le sentiment d'avoir trahi ma ville natale, que j'exprime dans le poème, m'est venu après, non pas en quittant Toronto en l'an 2000, mais en revenant pour de bon à Montréal en 2001, toujours en proie au noir désespoir dont j'ai parlé dans *La séparation,* et qui n'a fait qu'exacerber mon sentiment de culpabilité, mon impression de trahison. On m'accuserait de faire de la poétisation *a posteriori* qu'on aurait tort, même si c'est la prérogative du faiseur de vers d'assombrir (ou d'embellir) la réalité.

Qu'auraient été ces vingt et quelques années si j'étais resté à Montréal? Que de fois ne me suis-je pas posé cette question. Une chose est certaine : celle qui a profité de mon départ en éclaireur à Toronto pour filer à l'anglaise aurait eu la tâche beaucoup plus difficile s'il lui avait fallu m'avouer en face son amour éteint. Sans doute aurais-je tenté de la raisonner, mais toutes paroles auraient été vaines car, quand l'amour s'en est allé, on ne peut le rattraper. Peut-être le destin a-t-il bien fait les choses, finalement, quand, m'éloignant à Toronto, il a apporté sur un plateau d'argent, à celle dont c'était déjà le dessein, l'occasion de rompre les chaînes qui nous liaient. Mais ma douleur n'en fut pas moins grande.

Innocent comme l'enfant qui vient de naître, je n'avais vu que les favorables auspices économiques sous lesquels je prenais le chemin de Toronto, et n'avais point pressenti le malheur qui me guettait au bout de ma route…

IX

Suis-je né trop tôt ou trop tard?
Qu'est-ce que je fais en ce monde?
Ô vous tous, ma peine est profonde:
Priez pour le pauvre Gaspard!
— Paul Verlaine, « Gaspard Hauser chante »,
Sagesse, 1880

L'APPEL DU DESTIN

Inspiré de « Gaspard Hauser chante »
de Verlaine

À vingt ans, encore innocent,
De chez moi n'étant guère sorti,
Vers la Ville reine je suis parti,
Attiré par le dieu argent.

Le cœur joyeux et l'âme sereine,
J'ai longé le long fleuve tranquille
Qui mène au pays des mille îles,
Ne sachant que viendrait la peine.

Je croyais qu'elle m'aimait encore,
La femme qu'à l'aube j'avais laissée
Blottie dans les bras de Morphée:
Son amour était déjà mort.

Loin de tout ce qui m'était cher,
J'étais parti gagner ma vie;
Aujourd'hui je n'ai plus d'envie,
Et mon regret est si amer.

Contre le vil appât du gain,
J'ai troqué mon premier amour;
Pourquoi ne suis-je pas resté sourd
Au fatal appel du destin?

~

Revenir sur une peine d'amour vingt-cinq ans plus
tard témoigne que les plaies du cœur ne se cicatrisent
jamais complètement. Complexée par son manque
relatif d'instruction, et bilingue de l'étant guère, ma

bien-aimée décida (toute seule dans son coin) de ne pas tenter avec moi l'aventure universitaire anglo-ontarienne, et m'annonça brutalement que c'était fini entre nous. Je m'attendais à tout sauf à cela, moi qui téléphonais de Toronto pour lui dire, tout heureux, que j'avais trouvé un appartement et qu'elle allait pouvoir venir me rejoindre. Je venais de faire installer le téléphone et, ce tout premier appel, je l'avais réservé pour elle. Le contraste entre ma joie extrême avant, et ma déception sans fond après, fut indescriptible. C'était tout mon monde qui s'écroulait subitement. Vous me direz que la comparaison manque de poésie, mais moi qui aime boursicoter, je dirais que cet instant tragique de mon existence fut comme un effondrement des cours de la Bourse après y avoir placé tous ses avoirs, tous ses espoirs. Il y en a qui sont passés par là et qui n'en sont pas revenus…

L'emploi que je venais de décrocher, et qui a précipité ma rupture sentimentale, a été en même temps ma planche de salut car, sans lui, en y repensant maintenant, je crois que mon chagrin d'amour aurait dégénéré en dépression. Quand on est l'homme d'une seule femme, mais qu'elle n'est pas la femme d'un seul homme, on reste amèrement déçu. Il n'empêche qu'on n'oublie jamais celui ou celle qui fut notre premier amour, condamnés que nous sommes à vivre avec le regret de ce qui aurait pu être :

Plaisir d'amour ne dure qu'un moment,
Chagrin d'amour dure toute une vie.
— Jean-Pierre Claris de Florian (1755-1794),
« Plaisir d'amour », *Célestine*, s.d.

C'est ainsi que cet appel du destin fut pour moi le début de l'exil et la fin de l'innocence.

X

Quand reverrai-je, hélas! de mon petit village
Fumer la cheminée, et en quelle saison
Reverrai-je le clos de ma pauvre maison,
Qui m'est une province et beaucoup davantage?
— Joachim du Bellay, «Heureux qui, comme Ulysse, … »,
Les regrets, 1558

A TALE OF TWO CITIES

Montréal, quand reverrai-je, hélas! de ta montagne
poindre le sommet? Du fond des ravins de la Ville
reine, je n'aperçois que le bout d'une tour immense,
d'une tour céenne qui, du haut de ses je ne sais
combien de mètres, fait pâlir ta fidèle compagne.
La pointe aiguisée du gigantesque obélisque
transperce le ciel qui, courroucé, déverse sur elle
tout son fiel. Les hommes n'ont-ils pas tiré la leçon
de la tour de Babel[10], que les fils de Noé voulurent
édifier pour pénétrer les cieux? Ces flèches qui un
peu partout sur terre s'élancent effrontément vers
le firmament sèment la confusion dans l'esprit des
monts: «N'est-ce pas à nous que Dieu a donné le

---

10. L'édification de la tour de Babel au pays de Shinéar (la
Babylonie) est la deuxième faute de démesure commise par les
hommes (après celle des premiers parents, Adam et Ève). Dieu la
punit par le châtiment de la diversité des peuples et des langues.
Il est vrai que cette diversité, qui dans un monde pacifique
pourrait être une richesse inestimable, a causé bien des troubles
à l'humanité… et continue de le faire. Au moment où j'écris ces
lignes, les États-Unis viennent d'entrer en guerre contre l'Irak,
pays de l'ancienne Babylonie.

monopole de l'altitude ? Jusqu'où iront-elles dans leur désir de similitude ? » L'homme se plaît encore et toujours à jouer à l'apprenti sorcier, risquant, comme aux temps bibliques, de déchaîner des événements dont il ne pourra arrêter le cours. Adam et Ève, ayant commis le péché de connaissance en goûtant au fruit défendu, du Paradis ont été déchus.

Montréal, quand reverrai-je, hélas ! de ton fleuve couler les flots argentés ? Du haut de la falaise surplombant Toronto, je n'aperçois que les vestiges du lac Iroquois, là-bas, à cinq kilomètres à vol d'oiseau. Ni la Don, ni la Humber, ni la Rouge qui s'y jettent ne peuvent égaler le courant qui te berce. En gravissant les marches qui, de l'avenue Davenport, mènent au château Casa Loma, j'ai traversé les millénaires géologiques, je suis remonté du fond du lac mythique jusqu'au sommet de l'escarpement. Ô glaciers terrassiers, en vous retirant vous avez préparé le site de la future Ville reine, celle qui m'a appelé à elle il y a vingt-cinq ans. Depuis ce temps je n'entends que les noms de Toronto, de Fort York, de Fort Rouillé — preuve, ce dernier, que jadis les Français par là sont passés. Ville natale, quand entendrai-je de nouveau prononcer tes noms d'aujourd'hui et d'antan, Montréal, Ville-Marie ?

Montréal, quand sentirai-je de nouveau, sur ma peau, le souffle caressant de ton fleuve ? Lorsque la Ville reine ploie sous la canicule estivale, il lui manque la fraîcheur des rives du Saint-Laurent. Montréal, ville fluviale ? Oui. Toronto, cité lacustre ? Non. Toronto-sur-mer plutôt ! Ce n'est pas la cité qui est bâtie sur

pilotis, mais l'autoroute Gardiner qui la traverse de part en part, séparant la ville de son littoral. Que ne l'a-t-on enfouie comme l'autoroute Ville-Marie ? Du Métropolitain surélevé Montréal a tiré la leçon et évité de répéter l'erreur du passé.

Montréal, quand entendrai-je de nouveau, dans tes profondeurs souterraines, résonner l'écho de ton métro pneumatique? Ne réverbère ici que le bruit métallique d'un vétuste chemin de fer. Demain, de bonne heure, je prendrai place à bord du train qui, de la gare Union de Toronto, me mènera, *VIA* Kingston, à la gare Centrale de Montréal. Et lorsque, par la baie vitrée, je verrai défiler les mille îles, franchissant l'espace et le temps, je m'imaginerai déjà foulant le sol de tes îles jumelles, Sainte-Hélène et Notre-Dame. Toronto, j'ai fait mon temps. « Demain matin, Montréal m'attend[11] » !

~

En changeant de métropole, on troque forcément quelque chose contre autre chose. En l'occurrence, une montagne contre des ravins. Un fleuve contre un lac. Un mât olympique contre une tour céenne. Un métro pneumatique contre un ferroviaire. Une gare centrale contre une unioniste. Une langue latine

---

11. Titre d'une chanson signée Michel Tremblay (1972). Puisqu'on en est à comparer les deux mégapoles canadiennes, je profite de l'occasion pour répondre à une question posée par plaisanterie dans le beau livre de Pierre Philippe Brunet et Jean O'Neil, *Les couronnements de Montréal* (2002). À la page 135, dans la légende accompagnant la photo du bas montrant un joli balcon surmonté d'un petit toit pointu richement travaillé, on peut lire : « Rue Ontario à Montréal. Y a-t-il une rue Québec à Toronto ? » La réponse, croyez-le ou non, est oui ! *Quebec Avenue* va de la rue Dundas au nord à la rue Bloor au sud, où elle débouche en face de High Park, qui est à Toronto ce que le parc La Fontaine est à Montréal.

contre une germanique… Chaque grande ville a sa spécificité :

> Montréal a sa montagne, Vancouver son parc Stanley. Mais Toronto ? Pas le moindre petit relief ? Du haut des airs, cette mégapole semble n'être qu'une plaine couverte d'immeubles et sillonnée de rues. Pourtant, la ville possède, invisible, tout un réseau de ravins aménagés en parcs. Une sorte de mont Royal en creux…
> — Danielle Bouchard, « Découvrir Toronto : le secret des ravins », *Géographica,* mars – avril 2003, p. 5

Dans l'ensemble, je dirais que la Ville reine a été bonne à mon égard, même si, dès mon arrivée, j'ai perdu au change sur le plan sentimental. Empreints de tristesse et de solitude, mes débuts à Toronto ne m'ont pas fait oublier que c'est dans cette ville que j'ai accompli mes premiers pas sur le marché du travail. C'est à Toronto également que j'ai rencontré celle qui allait devenir ma femme et qui, succédant à « l'autre », allait m'aider à surmonter le chagrin que je traînais encore comme un boulet. En somme, Toronto m'a permis de prendre ma place dans la vie professionnelle et conjugale. Mais au bout d'une vingtaine d'années, il me démangeait, titillait d'explorer d'autres horizons. Et c'est ainsi que, rompant les amarres, je suis rentré à Montréal au printemps de l'année 2001, après un détour de triste mémoire par la France. Je retrouvais enfin mes racines. Et les ayant retrouvées, le goût de l'écriture — que j'avais toujours eu mais qui ne s'était jamais concrétisé —, de désir s'est transformé en volonté. Mais il y a loin de la coupe aux lèvres.

Les pages blanches ne se remplissent pas toutes seules, mais au prix d'un travail assidu, alimenté par une inspiration, espérons-le, pas trop défaillante (par une muse pas trop paresseuse!). Quelle est la part de l'inspiration versus le labeur dans le génie créateur? *Genious is one percent inspiration, ninety-nine percent perspiration.* Ce sont les mots du célèbre inventeur américain Thomas Edison (1847-1931), qu'on pourrait traduire: «Le génie est fait d'un pour cent d'inspiration et de quatre-vingt-dix-neuf pour cent de transpiration». Ou encore, comme le dit plus poétiquement Baudelaire: «L'inspiration est décidément la sœur du travail journalier». J'abonde dans le même sens. Allez, au travail!

Un mot au sujet du titre de mon poème en prose. Il s'agit bien évidemment d'un clin d'œil à Charles Dickens, le grand écrivain anglais (1812-1870), dont le roman *A Tale of Two Cities* (1859), qui commence par cette phrase mémorable «C'était la meilleure des époques, et la pire», recrée, soixante-dix ans après les faits, l'atmosphère de la Révolution française, avec Londres et Paris pour toile de fond. Au moment de reprendre son titre à mon compte, j'ignorais que Dickens avait fait une tournée nord-américaine en 1842, au cours de laquelle il s'arrêta entre autres à Toronto puis à Montréal. Quel curieux hasard! J'ai pris la peine de traduire quelques passages de son récit qui concernent le voyage de Kingston à Montréal. Ils nous offrent un aperçu élogieux du pays et de ses habitants au XIXe siècle:

Nous avons quitté Kingston pour Montréal le dix mai, à 9 h 30 du matin, et avons descendu le Saint-Laurent à bord d'un bateau à vapeur. La beauté de ce noble cours d'eau en tous points, mais surtout au début du voyage alors qu'il traverse les mille îles, dépasse l'imagination. […]

À huit heures nous avons débarqué de nouveau, et voyagé par diligence pendant quatre heures à travers une contrée agréable et bien cultivée, très française sous tous ses aspects : dans l'apparence des maisons ; l'allure, la langue et la tenue des habitants ; les enseignes des magasins et des tavernes ; et les sanctuaires à la Vierge et les croix au bord des chemins. Presque tous les ouvriers agricoles et les enfants, bien que nu-pieds, portaient autour de la taille une large ceinture de couleur vive, généralement rouge ; et les femmes, qui travaillaient dans les champs et les potagers, occupées à toutes sortes de taches, portaient toutes sans exception de grands chapeaux de paille aux bords larges. […]

À midi nous avons embarqué à bord d'un autre bateau à vapeur, et avons atteint le village de Lachine, à neuf milles de Montréal, à trois heures de l'après-midi. Là, nous avons quitté le fleuve, et continué par voie terrestre. Montréal est agréablement située sur les bords du Saint-Laurent, au pied de hauteurs escarpées, sur lesquelles il fait bon se promener. Les rues sont généralement étroites et sinueuses, comme dans la plupart des villes françaises quel que soit leur âge ; mais dans les quartiers les plus récents de la ville, elles sont larges et aérées. Elles abritent une grande variété d'excellents commerces ; et dans la ville comme dans ses banlieues on trouve

de belles demeures privées. Les quais de granit sont remarquables de beauté, de solidité et d'étendue.
— Charles Dickens, *American Notes for General Circulation*, 1842, p. 263-265

Malgré les trois-quarts de siècle qui les séparent, on peut mettre la description de Dickens en parallèle avec celle que fait Hugh MacLennan dans son roman *Deux solitudes*. Le député fédéral de la paroisse (fictive) de Saint-Marc des Érables, Athanase Tallard, rentre d'Ottawa à Montréal par le train :

> Les champs, si beaux au soleil d'après-midi, défilaient sous ses yeux. Le train traversait maintenant des paroisses françaises, et de part et d'autre de la voie, on apercevait ces silhouettes familières d'épaules courbées sur le travail. Elles faisaient partie intégrante du paysage. Les Canadiens français de la campagne se sentaient plus attachés au sol qu'à toute créature : avec Dieu et leur famille, c'était là leur immortalité. La terre les enchaînait et les retenait, elle rendait leur démarche lourde et faisait de leurs mains noueuses des instruments actifs.
>
> Elle les laissait dans l'ignorance de presque tout ce qui débordait leur propre horizon, mais elle les faisait aussi loyaux à leur race, comme si celle-ci n'était qu'une seule et grande famille, et cette idée de fraternité de la terre qui les unissait, faisait partie de la légende ancrée au cœur du Québec. Athanase ne pouvait s'empêcher d'en être fier, même si parfois cela l'exaspérait.
>
> — Hugh MacLennan, *Deux solitudes*, 1978, p. 124 [© *Two Solitudes*, 1945]

Les observations de cet auteur canadien-anglais sur la société canadienne-française ne manquent pas de perspicacité. On la sent — cette société franco-canadienne de l'entre-deux-guerres — embourbée dans la terre et accrochée à la soutane. Rappelez-vous, ce n'est que trois toutes petites années plus tard qu'un groupe d'artistes franco-québécois criait haut et fort son *Refus global* à l'instigation du peintre Paul-Émile Borduas (1948, p. 20) :

> Refus d'être sciemment au-dessous de nos possibilités psychiques. Refus de fermer les yeux sur les vices, les duperies perpétrées sous le couvert du savoir, du service rendu, de la reconnaissance due. Refus d'un cantonnement dans la seule bourgade plastique, place fortifiée mais trop facile d'évitement. Refus de se taire — faites de nous ce qu'il vous plaira mais vous devez nous entendre — refus de la gloire, des honneurs (le premier consenti) : stigmates de la nuisance, de l'inconscience, de la servilité. Refus de servir, d'être utilisables pour de telles fins. Refus de toute INTENTION, arme néfaste de la RAISON. À bas toutes deux, au second rang !

Et page 24 :

> D'ici là, sans repos ni halte, en communauté de sentiment avec les assoiffés d'un mieux être, sans crainte des longues échéances, dans l'encouragement ou la persécution, nous poursuivons dans la joie notre sauvage besoin de libération.

Que de chemin parcouru depuis cette époque pas si lointaine où tout n'était que Grande Noirceur. Aujourd'hui, ne pourrait-on pas dire que la liberté d'expression, de création, est allée trop loin dans l'autre sens, qu'elle est devenue débridée? Ne conviendrait-il pas que le mouvement du pendule la ramène à de plus justes proportions? L'expression, la création, se sont libérées pour le meilleur et pour le pire.

Et moi, je me suis libéré de l'emprise de Toronto pour rentrer au bercail. Comment allais-je trouver Montréal après en avoir été séparé pendant si longtemps?

XI

Je retourne vers celle que j'aime
depuis toujours,
oh, je retourne vers celle que j'aime
depuis toujours…
depuis toujours.
— Francis Cabrel, « Depuis toujours », *Hors-saison*, 1999

RETOUR À MONTRÉAL

J'ai retrouvé…
offrant toujours
ses rondeurs charnelles à son amant le ciel,
la montagne;
profilant toujours
sa silhouette éclairée sur la noire obscurité,
la croix;
glissant toujours
sous les passerelles de fer posées en travers,
le fleuve;
dominant toujours
la cité nordique de leur hauteur babélique,
les tours;
exhibant toujours
sans pudeur leurs formes et leurs couleurs,
les escaliers;
résistant toujours
aux assauts renouvelés du son et du béton,
les parcs;
pleurant toujours
son histoire sentimentale au bord du canal,
le quartier;
sillonnant toujours
l'immense champ urbain jusqu'au lointain,
les rues;
suspendant toujours
ses mots aux lèvres maternelles des fidèles,
la langue;
pardonnant toujours
à celui qui a trahi sa ville et expié son exil,
Montréal.

Je ne suis pas le premier à avoir souffert du mal de Montréal. Ce n'est qu'à ce prix qu'on expie le péché de l'exil. Quelqu'un en a-t-il mieux parlé que Lucien Francœur, dans son poème où le son *al* revient comme une douleur lancinante? Peu importe la grande ville où il se trouve, que ce soit Paris, Berlin ou New York, le poète a «mal à Montréal»:

> Je marchais dans les Halles
> Et j'avais mal à Montréal
> J'avais mal à Montréal dans les Halles
> — Lucien Francœur, «Le mal de Montréal»,
> *Rock-Désir*, 1984

Tenace, la nostalgie de Montréal ne lâche pas prise. Un an plus tard, l'homme au cœur franc doit toujours vivre…

> Avec cet indicible mal de Montréal
> Qui ne me quitte plus même quand j'y suis
> Comme une douleur permanente au centre de l'être
> — Lucien Francœur, «Des villes en moi»,
> *Exit pour nomades,* 1985

Quatre siècles plus tôt, un des premiers grands poètes de la langue française exprimait déjà son mal du pays dans un célèbre sonnet où, évoquant les voyageurs mythiques Ulysse et Jason, il anticipe le bonheur qui sera le sien lorsqu'il rentrera chez lui après un séjour de quatre ans à Rome, la Ville éternelle:

Heureux qui, comme Ulysse, a fait un beau voyage,
Ou comme cestuy-là qui conquit la toison,
Et puis est retourné, plein d'usage et raison,
Vivre entre ses parents le reste de son âge !
— Joachim du Bellay, « Heureux qui, comme Ulysse, … »,
Les regrets, 1558

Revenir dans sa ville natale après une longue séparation, c'est comme retrouver une femme jadis aimée,
une femme qu'on aime en vérité « depuis toujours »
ainsi que le chante Francis Cabrel. Pourquoi ce mal
de sa ville natale ? Je pense qu'on ne se sent vraiment
bien que là où l'on est né, et que le fait d'ouvrir une
longue parenthèse ailleurs nous sensibilise à cette
réalité si nous n'en n'étions pas déjà conscients. Je l'ai
appris à mes dépens. Je sais ce que l'auteur du *Mal
de Montréal* a ressenti pour l'avoir ressenti moi aussi.
On pourrait résumer ce mal en citant l'admirable
phrase qu'a eue le biographe de Giono en parlant du
profond attachement du grand romancier provençal
à sa ville natale de Manosque : « À quoi bon quitter
une ville où tout vous parle de votre enfance[12] ? »

À lire mon poème, on dirait que Montréal est restée
figée pendant mon absence, que le temps s'y est comme
arrêté. Pourtant quelque chose d'important a changé.
Il suffit de regarder de plus près… de tendre l'oreille.
J'ai envie de retourner la phrase de Francœur et de
dire qu'à l'heure de mon départ pour Toronto, en
1977, Montréal avait mal. Mal à quoi ? À son image,
à sa personnalité. Ainsi, ce qui m'a le plus frappé

---

12. Jacques Pugnet, *Jean Giono*, 1955, p. 15.

en revenant, ce n'est pas l'arrivée de nouveaux immigrants dans la mosaïque ethnique, ce n'est pas l'apparition de nouveaux gratte-ciel dans le panorama urbain, ce n'est pas l'expansion du métro et le changement de nom de certaines stations, ce n'est pas la disparition d'institutions vénérables comme Eaton et Simpson, ce n'est pas l'aménagement du Vieux-Port et du canal de Lachine…

Non, ce qui m'a fait la plus grande impression en revenant, c'est la francisation du paysage linguistique montréalais depuis l'adoption de la loi 101, c'est-à-dire la Charte de la langue française, le 29 août 1977, l'année même de mon départ. C'est comme si Montréal avait fini par ôter son masque bilingue pour se montrer sous son vrai jour, sous son jour français. En 1977, quand je suis parti travailler à Toronto, l'anglais était encore une langue de grande visibilité à Montréal, une langue qui s'affichait ouvertement dans les lieux publics. À mon retour en 2001, à la veille du 25e anniversaire de la Charte, le français avait reconquis tellement de terrain qu'il m'a presque semblé que l'anglais avait disparu du paysage visuel. Et, devant ce mouvement du balancier linguistique, je me suis fait la réflexion qu'il était dans l'ordre naturel des choses que Montréal se soit enfin affirmée comme ville à physionomie francophone. Un homme avait vu clair :

Déjà en 1830, Alexis de Tocqueville remarquait qu'à Montréal et Québec, et jusque dans les villages exclusivement francophones, toutes les affiches et enseignes commerciales étaient anglaises. Nous avons certes progressé depuis lors, mais le visage de Montréal et de plusieurs autres coins du Québec demeure beaucoup plus que de raison unilingue anglais ou bilingue. Or, il est anormal et aliénant pour un peuple que son pays lui renvoie une autre image que ce qu'il est, qu'il ne se retrouve pas dans le paysage physique qui le prolonge et fait partie de lui-même. En ce sens, l'âme québécoise n'a pas vraiment réussi à s'inscrire dans un paysage culturel aux traits qui lui correspondent, un peu comme une âme en exil qui compose avec les objets et les institutions qu'elle n'a pas produits.

— Camille Laurin, *Discours de deuxième lecture prononcé à l'Assemblée nationale à l'occasion de l'adoption du projet de loi 101,* le 19 juillet 1977

Parlons-en de Camille Laurin, ce célèbre docteur en psychiatrie qui fut le père de la loi 101 et l'instigateur de la renaissance linguistique du Québec francophone. Mon intention première était de vous le présenter sous le couvert de l'humour, en déguisant ses nom et prénom par un recours à l'homonymie. J'avais dans l'idée de le transformer en provincial français, amateur d'une tisane reconnue pour ses propriétés digestives voire calmantes : Camomille Lorrain ! Mais sur ces entrefaites, et à ma grande surprise, j'apprends que je ne suis pas le premier à qui le prénom de monsieur Laurin ait fait penser à ladite plante :

Dès les premiers mois, députés et recherchistes le surnomment affectueusement « Camomille », en référence à cette plante aromatique aux vertus apaisantes, presque soporifiques, dont on fait des tisanes.

Nul ne se souviendra si la trouvaille est de Guy Joron ou de Claude Charron, mais tous conviendront qu'elle lui allait comme un gant, tellement ses discours à l'Assemblée nationale étaient souvent endormants.

— Jean-Claude Picard, *Camille Laurin : l'homme debout*, 2003, p. 211

Plus loin (p. 263-264), le biographe y va d'une description du flegme légendaire du docteur Laurin défendant son projet de loi devant ses collègues du Conseil des ministres :

Penché sur ses papiers étalés sur la table du Conseil, ses lunettes sur le bout du nez, enveloppé par la fumée des Buckingham qu'il grille à la chaîne, il est en tout temps imperturbable et fait preuve d'un calme et d'une sérénité qui en agacent plusieurs, mais que tous lui envient.

L'anecdote racontée par Picard a été reprise par une journaliste de *La Presse*, qui révèle en même temps une autre facette de la personnalité du « bon docteur Laurin » :

> Ses collaborateurs l'appelaient « Camomille », un surnom ma foi fort bien trouvé. D'une part, les interminables et monotones discours du bon docteur Laurin vous endormaient plus sûrement qu'une infusion de camomille.
>
> D'autre part, grâce à sa capacité d'écoute et à sa formation de psychiatre, l'homme avait l'art d'aplanir les conflits. Ses interventions avaient, sur les esprits surexcités, l'effet d'une tisane calmante… Sauf, bien entendu, quand il avait décidé de jeter de l'huile sur le feu, ce qu'il fit méthodiquement avec la loi 101, dans une opération qu'il voulait analogue à une psychothérapie collective destinée à libérer les Québécois francophones des traumatismes de la Conquête.
>
> — Lysiane Gagnon, « Un psychiatre vous écoute… », *La Presse*, 30 octobre 2003, p. A15

On le voit, l'homme savait éteindre aussi bien qu'allumer les feux, puisque le projet de loi 101 échauffa bien des esprits. Et si c'est au personnage politique que nous nous intéressons ici plutôt qu'au psychiatre, ce dernier n'a pu faire autrement que de déteindre sur le premier.

Mais comment est-elle née, cette fameuse loi 101 ? René Lévesque et les siens savaient que s'ils étaient portés au pouvoir aux élections de novembre 1976, ils auraient à s'attaquer d'entrée de jeu à la révision de la loi 22 léguée par leurs prédécesseurs, les libéraux. Après l'avoir nommé ministre d'État au développement culturel, René Lévesque chargea Camille Laurin d'apporter des correctifs à la loi 22. En fait, comme le rapporte Jean-Claude Picard (p. 241), le mandat que Camille Laurin devait recevoir du Conseil des ministres était d'une portée beaucoup plus considérable :

> Préparer une révision en profondeur de l'ensemble de la Loi sur la langue officielle [loi 22 héritée des libéraux] de façon à donner au français la place qui lui revient dans la société québécoise, notamment en ce qui concerne la langue officielle, l'administration publique, la langue de travail et la francophonisation des entreprises, le commerce et l'affichage. En ce qui touche la langue de l'enseignement, le ministre d'État au développement culturel devra prévoir notamment l'inscription de tous les nouveaux immigrants à l'école française, l'abolition des tests linguistiques [établis par les libéraux] et l'élaboration de mesures à prendre pour s'assurer que les écoles anglaises ne soient accessibles qu'aux Québécois de langue maternelle anglaise.

La commande était de taille, mais le docteur Laurin n'entendait pas reculer devant le défi, bien au contraire. Il allait réserver toute une surprise à son chef en proposant non pas une refonte de la loi 22, mais carrément une nouvelle loi encore plus ambitieuse, c'est-à-dire plus contraignante en matière d'usage du français. Joua-t-il les trouble-fêtes ? Aux yeux de certains ministres, oui. Si ce que l'on dit au sujet de Camille Laurin est vrai, à savoir qu'il aurait nui à son insu au mouvement souverainiste avec sa loi 101 (je reprends cet argument plus bas), alors on aurait peut-être mieux fait d'écouter les réticences exprimées par le ministre des Affaires intergouvernementales, Claude Morin, partisan de l'étapisme pour accéder en douceur à une éventuelle indépendance. Il ne se serait pas caché pour manifester sa désapprobation, selon Jean-Claude Picard (p. 259) :

De tous les ministres, c'est cependant Claude Morin qui est l'opposant le plus ouvertement déclaré à ce projet de loi. Dans une charge passablement violente, il affirme que le texte soumis par Camille Laurin bafoue les droits acquis de la minorité anglophone et qu'il est inutilement provocateur et agressif. « Ce projet constitue en fait une éviction des anglophones du Québec », soutient-il. Pour l'essentiel, le ministre des Affaires intergouvernementales estime que le gouvernement va trop vite, que la Charte de la langue française va susciter la colère du Canada anglais et déclencher de nouvelles querelles fédérales-provinciales. Il ajoute que la population est fatiguée de ce genre de chicane et que le gouvernement péquiste devrait s'en tenir à l'administration courante au cours de son premier mandat et remettre à plus tard les réformes fondamentales.

Une notion essentielle reste à définir, celle des « droits acquis » des anglophones en matière de langue d'enseignement. Une anecdote veut que ce soit la fille du sous-ministre de Camille Laurin qui, lors d'un repas familial, ait spontanément exprimé l'idée que « les gens qui avaient des droits acquis étaient ceux qui avaient déjà étudié en anglais au Québec ». Solution simple et élégante qui permettra au gouvernement du Parti québécois de sortir du bourbier des tests linguistiques élaborés par les libéraux. Ces tests seront remplacés par le critère d'admissibilité selon lequel seuls les enfants de parents ayant reçu une éducation en langue anglaise, au Québec, auront désormais le droit de fréquenter l'école anglaise. Le tour était joué.

Il va sans dire que Camille Laurin était un « pur et dur », un avocat déterminé de l'indépendance du Québec, alors que Claude Morin se souciait plus, comme son chef René Lévesque, de l'image du gouvernement péquiste pendant ce premier mandat. Il fallait déjà penser à l'avenir, à sa réélection dans quatre ou cinq ans. Il incombait donc de bien gérer les affaires de l'État sans trop brusquer les choses, de crainte de s'aliéner le vote non seulement des sympathisants anglophones qui resteraient dans la Belle Province contre vents et marées, mais aussi et surtout des Québécois francophones encore indécis sur la question de l'indépendance. Autrement dit, il fallait essayer de ménager la chèvre et le chou.

Pourquoi René Lévesque ne reçut-il pas avec plus d'enthousiasme le projet de réforme linguistique de son ministre d'État au développement culturel? Qu'il fut étonné par la radicalité du projet de loi 101 ne fait aucun doute, puisque Camille Laurin avouera lui-même plus tard que son chef l'accueillit (le projet de loi) en ces termes: « Je ne vous en demandais pas tant. » Toujours selon Jean-Claude Picard, c'est que le premier ministre et le docteur n'entretenaient pas les mêmes rapports avec le monde anglophone. Camille Laurin était un amoureux de la France et du fait français, alors que René Lévesque n'avait jamais oublié ses origines de « p'tit gars » de New Carlisle, village bilingue de la Gaspésie.

Camille Laurin a-t-il eu raison de s'attaquer si prestement au problème de la langue, qui était au cœur des revendications des Québécois francophones? En menant le projet de la Charte de la langue française à bien, a-t-il involontairement desservi la cause de l'indépendance du Québec, comme certains le pensent et le disent? Cette hypothèse pour le moins étonnante mérite qu'on s'y arrête pour l'examiner de plus près.

Au dire de plusieurs, le succès de la loi 101 aurait désamorcé le mouvement souverainiste en montrant au peuple québécois qu'il lui était tout à fait possible d'être « maître chez lui » à l'intérieur du cadre fédéral, sans forcément accéder à l'indépendance. Qu'on pouvait non seulement protéger mais aussi promouvoir le fait français au Québec en limitant les droits linguistiques de la minorité anglophone et des nouveaux immigrants. Et que le fédéralisme canadien était assez souple pour s'accommoder de cette refrancisation de la société québécoise (Ottawa résistera habilement à la tentation de contester la constitutionnalité de la loi 101). Une fois leurs griefs linguistiques résolus, les Québécois francophones avaient du même coup perdu un argument de poids en faveur de l'indépendance. Voilà, en gros, le point de vue de ceux (les fédéralistes) qui se réjouissent du fait que Laurin, selon eux, ait mis la charrue avant les bœufs en s'attaquant au problème central de la langue, alors que le Québec était encore une province à part entière du Canada, et qui vont jusqu'à saluer en la Charte de la langue française « une grande loi canadienne » et en Camille Laurin « un grand Canadien ». C'est le monde à l'envers ! Peut-on raisonnablement prétendre que, grâce à la loi 101, les francophones du Québec se sont subitement sentis suffisamment bien au Canada pour voter « non » au référendum sur l'indépendance ?

Voyons maintenant le point de vue opposé, à savoir que la loi 101 a contribué à faire avancer le mouvement séparatiste. En effet, dans les premiers temps, n'a-t-elle pas encouragé de nombreux Québécois anglophones à quitter la Belle Province, et découragé de nombreux immigrants allophones de venir s'installer au Québec (autant de personnes qui auraient voté « non » au référendum sur l'indépendance) ? Comment expliquer par ailleurs la forte progression du vote séparatiste entre le premier référendum (perdu largement avec seulement 40 % de « oui ») et le deuxième (perdu de justesse avec 49 % de « oui ») ? Pour Camille Laurin, la loi 101 était un préalable nécessaire à l'accession à la souveraineté. Les chiffres précités semblent lui donner raison. L'accession à la souveraineté étant un processus, elle s'inscrit tout naturellement dans la durée, et il n'est pas dit que la majorité des Québécois aient renoncé pour de bon à cette option politique. Les libéraux provinciaux savent qu'ils n'ont qu'à bien se tenir pendant leur tour au pouvoir s'ils ne veulent pas que l'option souverainiste, mise quelque peu en veilleuse depuis la deuxième défaite référendaire de 1995, ne se ravive.

Pour conclure, j'avoue avoir été très agréablement surpris, en revenant vivre à Montréal, de trouver une ville où le français a repris ses droits, où il se voit et s'entend quasiment partout, même si la politique de francisation a engendré une certaine pollution visuelle (traductions boiteuses!) et des accents venus d'ailleurs (mais non sans charme!), conséquences prévisibles et inévitables de l'application de la grande loi (tout court) que nous a léguée Camille Laurin, décédé en 1999. Quant à l'argument voulant qu'elle ait causé du tort au mouvement souverainiste, il relève de la pure conjecture. Et la récupération *a posteriori* de Camille Laurin et de sa charte par les défenseurs de la cause fédéraliste se passe de commentaire tellement, à bien y réfléchir, elle paraît saugrenue.

Vive Montréal,
ville française!

LA MAIN DE DIEU

XII

Près des bords enchanteurs du fleuve Saint-Laurent,
Roulant son flot d'azur rapide, transparent ;
Caressant tendrement de son onde joyeuse
Les gracieux contours d'une Île merveilleuse,
Se dresse une montagne, unique en l'Univers
Par sa forme, sa grâce et ses attraits divers.
— Auguste Charbonnier, « Le mont Royal »,
Gerbes du mont Royal, 1910

LA MONTAGNE

La montagne est là qui veille, fidèle sentinelle,
Sur la ville étendue à ses pieds, endormie,
Et sur son sommet la croix implorant le ciel
Brille telle une étoile chue de la voûte infinie.

Le jour levé on voit couler le fleuve puissant
Que jadis remontèrent jusqu'à Hochelaga
Les valeureux hommes venus du vieux continent
Au nom de leur roi découvrir le Canada.

Cartier, quand des hauteurs réales tu contemplas
Le spectacle grandiose qui s'offrait à tes yeux,
N'eus-tu point, dis, quelque pressentiment déjà
Qu'une ville un jour on édifierait en ces lieux ?

Aujourd'hui vers le Levant le regard s'étend
Jusqu'à l'ovale blancheur de l'arène olympique,
Qui de son mât salue le ciel en s'inclinant
Plus bas encore que la tour penchée italique.

La banlieue, là en face, regarde de son long œil
Les grandes tours qui raclent le ciel de Montréal[13] ;
La montagne leur fait-elle bon ou mauvais accueil,
Elle qui depuis la nuit des temps fut sans rivales ?

Oasis de verdure au cœur de la cité,
À ceux et celles en mal de plaisirs naturels
La montagne offre douceur et tranquillité
Loin du tohu-bohu des rues et des venelles.

Dans son giron l'amour en couples se promène,
Tendrement enlacés sur les chemins ombragés,
Tandis que, en bas dans la ville, les âmes en peine
Mendient la main tendue, espérant charité.

Et quand la vie finie vient l'éternel repos,
Jusqu'à notre dernière demeure, pauvres de nous
Dont le trépas ici-bas est hélas le lot,
La montagne nous accompagne et puis nous absout.

∽

13. Au cas où vous ne l'auriez pas déjà deviné, la banlieue qui
regarde Montréal de son long œil est… Longueuil !

Le mont Royal n'est pas un volcan éteint. Dans la foire aux questions du Centre d'histoire de Montréal (*www2.ville.montreal.qc.ca/chm*), on déboulonne cette croyance populaire :

— Le mont Royal est-il un ancien volcan ?

Voilà sans doute l'un des mythes montréalais les plus tenaces. Eh non, le mont Royal n'est pas un ancien volcan aujourd'hui endormi ! Il s'agit en fait d'une des huit collines qui forment les Montérégiennes, ces petites montagnes formées il y a plusieurs millions d'années par un processus géologique autre que celui responsable de la création des volcans. Le mont Royal est formé par l'intrusion de roches ignées à travers les couches sédimentaires de la plaine du Saint-Laurent, et le volcan est une ouverture dans l'écorce terrestre qui laisse échapper les gaz et le magma. Ceux-ci s'accumulent et forment, en se refroidissant, le cône volcanique.

Avec ses 232 mètres d'altitude, le mont Royal est l'une des Montérégiennes les moins hautes, mais demeure l'un des principaux points de repère géographiques et topographiques de la région. C'est le géologue Frank D. Adams qui, en 1903, décida de baptiser les huit collines de la région (mont Saint-Hilaire, Saint-Grégoire, Saint-Bruno, Rougemont, Yamaska, Shefford, Brome et Royal) en utilisant le nom latin de la plus connue : le mont Royal ou *mons regius*. Les Montérégiennes ont, par la suite, donné leur nom à l'ensemble de la région : la Montérégie.

Et la fameuse croix sur la montagne, de quand date-t-elle ? Là encore le Centre d'histoire de Montréal nous fournit la réponse :

— Quand a-t-on installé la croix sur le mont Royal ?

En décembre 1642, les eaux du Saint-Laurent menacent d'inonder la colonie. Le fondateur de Ville-Marie, Maisonneuve, demande alors la grâce de Dieu, en échange de quoi il ira, dès que possible, planter une croix sur le mont Royal pour remercier la Providence. Par miracle ou coïncidence, Ville-Marie est épargnée de la crue des eaux et Maisonneuve, suivi des habitants de la colonie, porta et planta lui-même une croix de bois sur le versant sud de la montagne.

C'est pour commémorer cet épisode et pour « *témoigner de la foi catholique des Canadiens français occupant alors pratiquement tout l'est montréalais*» que la Société Saint-Jean-Baptiste fit élever la croix actuelle sur le versant oriental du mont. Dès son inauguration officielle, lors de la fête nationale de 1924, la croix, mesurant 40 mètres de haut et dix de large, illumine de ses 240 ampoules le paysage montréalais. Le projet de la croix, d'un coût total de 25 000 $, fut financé par la vente de timbres spéciaux à cinq sous et devait être beaucoup plus ambitieux à l'origine, la croix devant reposer sur un immense socle-bâtiment. Cette idée dut être abandonnée faute de financement.

L'explorateur malouin Jacques Cartier fut le premier homme blanc à gravir la montagne qui domine l'île de Montréal, en 1535. L'histoire ne dit pas s'il refit l'ascension du mont lors de son ultime voyage, en 1541. C'est à l'initiative d'un notable anglais de Montréal — faut-il s'en étonner, quand on connaît le penchant des Anglais pour la préservation des espaces verts en milieu urbain? — qu'un vaste parc fut aménagé sur le mont Royal en 1876, pour la plus grande joie des Montréalais d'alors et d'aujourd'hui, le reste de la montagne étant pour l'essentiel occupé par l'Université de Montréal et deux grands cimetières, l'un catholique, Notre-Dame-des-Neiges, l'autre protestant, Mont-Royal.

Imagine-t-on Montréal sans sa montagne? Si omniprésente est-elle dans le paysage urbain que ce ne serait pas lui rendre justice que de ne lui consacrer qu'un maigre chapitre. Tournez la page. Elle vous attend à la première personne…

XIII

Qui n'a point contemplé, dans ses vastes regards,
Le coup d'œil enchanteur qui vient, de toutes parts,
S'offrir au voyageur dans la pente facile
Du mont majestueux qui domine la ville ?
— Pierre Laviolette, « Points de vue de la descente
de la montagne de Montréal », 1833

PROSOPOPÉE DE LA MONTAGNE

Comme le paysage étalé à mes pieds a changé en l'espace de quelques vies d'hommes ! Moi qui autrefois dominais la terre vierge, me voilà entourée par la modernité. Jadis je me sentais intouchable du haut de mes deux cent trente et quelques mètres. Au loin j'apercevais mes cousines régiennes. Mais aujourd'hui, que vois-je ? Des tours métalliques aux reflets de verre qui percent le ciel. Des écrans de fumée qui planent au-dessus de la ville. Des artères noires qui sectionnent l'agglomération. Des êtres humains qui se précipitent dans tous les sens… Ô mont Saint-Bruno ! ô mont Saint-Hilaire ! ne retrouverons-nous jamais la paix et la tranquillité de l'époque précolombienne ?

Au fil du temps j'ai prêté mes flancs aux gens fortunés, aux disciples d'Hippocrate, aux « avanceurs » des sciences, et mes vastes champs mortuaires aux âmes en quête de repos éternel. Il n'y a guère qu'à l'est qu'on m'ait laissée plus ou moins comme j'étais. Il ne faut pas être sorcier pour en deviner la raison : c'est que de mes quatre flancs,

l'est est le plus escarpé! J'ai ouï dire que l'on avait follement songé à me rattacher par un long cordon ombilical à un bout de terre flottant dans les eaux du Saint-Laurent. Ma pente vers le fleuve est-elle si raide qu'il faille me gravir en cabine? Le poète Laviolette vous dira qu'il n'en est rien et qu'à mon sommet on monte presque aussi facilement qu'on en descend!

Que faut-il augurer de près de cinq siècles de présence blanche? De mes hauteurs entrevois-je des perspectives d'avenir? Hélas, je ne suis pas devineresse. Je sais seulement que j'étais altitude au milieu de la vastitude, et que je suis devenue solitude au milieu de la multitude. Ah! quand je me sens esseulée je trouve réconfort dans les *Petits poèmes en prose* de Baudelaire, qui écrit dans *Les foules*: «Qui ne sait peupler sa solitude, ne sait pas non plus être seul dans une foule affairée.» N'allez pas croire qu'une montagne, de par son appartenance au règne minéral, est inculte. Pendant que vous, les hommes… et les femmes (je suis au courant de votre «femmeuse» rectitude politique), vous vous agitez avec frénésie autour de moi, eh bien il m'arrive de lire de la poésie — parfaitement! De quel sonnet baudelairien le vers *Comme un hameau paisible au pied d'une montagne* est-il la fin? (Si le cœur lui en dit, l'auteur de cet ouvrage vous soufflera la réponse[14].) Il ne m'a pas échappé que nous, les montagnes, avons frappé l'imaginaire des hommes… et des femmes, au point d'en avoir incité certains (dont l'identité se perd dans la nuit des temps) à figer des locutions et forger des proverbes nous mettant en vedette, moi et mes consœurs:

- *c'est la montagne qui accouche d'une souris* — se dit par moquerie d'un projet ambitieux dont les résultats sont plus que décevants
- *grand comme une montagne* — très grand
- *il ferait battre des montagnes* — il sème la discorde partout
- *il n'y a que les montagnes qui ne se rencontrent pas* — il n'y a pas de personnes si éloignées que le hasard ne puisse les mettre en présence
- *se faire une montagne de quelque chose* — en exagérer les difficultés
- *soulever les montagnes* — se jouer de grandes difficultés

～

Comme on ne me fait pas souvent l'honneur de me prêter la parole à titre de chose personnifiée (figure de rhétorique appelée «prosopopée», si je ne me trompe), je voudrais en profiter pour apporter

---

14. Psitt! «La géante» (*Les fleurs du mal*, 1857).

quelques précisions concernant l'édification de ma fidèle compagne, la croix. S'il est vrai que la toute première fut érigée par les habitants de Ville-Marie pour remercier le ciel de les avoir épargnés de la crue des eaux, il ne s'agissait pas des eaux du fleuve Saint-Laurent, mais de celles de l'ancienne rivière Saint-Pierre, aujourd'hui canalisée. Ville-Marie fut fondée au lieudit la « pointe à Callière », qui surplombait la rivière Saint-Pierre d'une douzaine de pieds. L'embâcle de l'hiver 1642 empêcha la rivière de se déverser normalement dans le fleuve, causant une inondation qui manqua d'emporter la colonie fraîchement implantée. Si vous mettez en doute ma longue mémoire, lisez donc ce récit des faits par des contemporains (à vous) bien renseignés :

Or voilà que pour saluer ses nouveaux arrivants, la nature québécoise fait des siennes ! Un peu avant le premier Noël, la petite rivière Saint-Pierre, en raison des glaces sur le Saint-Laurent, déborde et provoque une inondation. Rapidement, celle-ci menace de détruire complètement le fort à peine édifié. On craint vraiment le pire, les vies sont en danger ! D'un seul cœur, les colons supplient DIEU de les protéger et se confient à lui. Inspiré, le gouverneur Paul [de Chomedey de Maisonneuve] rédige une prière, la fixe à une petite croix de bois et va la planter au pied de la rivière menaçante. Puis, les colons attendent… Les eaux continuent de monter, viennent lécher le pied du fort et, après un court temps où l'anxiété est à son comble, se retirent peu à peu… Le fort est sauvé !
— *Jésus Marie et Notre Temps*, n° 347, juillet 2002, p. 12

Deux semaines plus tard, le 6 janvier 1643, jour de l'Épiphanie, la petite croix primitive fut remplacée par une plus grande qu'on alla planter sur mon flanc sud, à l'intersection actuelle des rues Atwater et Côte-des-Neiges. Cet emplacement devint un lieu de pèlerinage, du moins tant et aussi longtemps que les Iroquois n'en soupçonnèrent pas l'existence. Je ne me souviens plus en quelle année la deuxième croix fut abattue. Toujours est-il que dix ans plus tard, en 1653, Marguerite Bourgeoys, nouvellement arrivée à Ville-Marie à titre d'éducatrice, se rendant sur mon flanc sud, ne put que constater le triste spectacle : la croix était passée de la station verticale à l'horizontale. Que pensez-vous qu'on fit pour « redresser » la situation ? On aurait pu changer la croix de place pour la soustraire à l'action destructrice des Iroquois. On persista plutôt et une nouvelle croix fut érigée au même endroit, protégée cette fois par une palissade. Dès l'année suivante, en 1654, force fut d'admettre que le pèlerinage à la croix, toute protégée que celle-ci était, demeurait une aventure périlleuse à cause des Iroquois. Pas de nature à s'en laisser imposer, mais néanmoins pleine de bon sens, Marguerite Bourgeoys prit fait et cause pour la construction d'une chapelle à la Vierge Marie à proximité de la jeune colonie. C'est ainsi que l'on doit à l'irréductibilité des Iroquois l'édification de la chapelle Notre-Dame-de-Bon-Secours (en l'an 1675 de votre ère). Les pieux habitants de Ville-Marie reprirent leurs pèlerinages dans la relative sécurité des parages de Ville-Marie. Ce qui nous amène à la croix actuelle qui trône sur mon sommet. Faites le calcul vous-même — 275 ans séparent la deuxième et la troisième croix :

1642 — Première croix en bois (petite) au pied de la rivière Saint-Pierre

1643 — Deuxième croix en bois (plus grande) sur mon flanc sud

1653 — Reconstruction de la deuxième croix au même emplacement

1675 — Construction de la chapelle Notre-Dame-de-Bon-Secours

1924 — Construction de la troisième croix (métallique) sur mon sommet est

Entre mont Royal et Montréal, la ressemblance est frappante, n'est-ce pas? L'origine exacte du nom de la métropole québécoise est-elle connue? Voyons ce que dit à ce propos votre ministère fédéral des Ressources naturelles (*http://toponymes.mcan.gc.ca/education/montreal*) :

> On s'entend généralement pour affirmer que le nom de lieu **Montréal** vient de **Mont Royal**, lequel avait été attribué à la colline par Cartier en 1535 : «Nous nommasmes icelle montaigne le **mont Royal**.» Le passage de la graphie **Mont Royal** à **Montréal** est encore une question non résolue. La forme traduite en italien, au XVIᵉ siècle, n'est peut-être pas étrangère à l'apparition de la graphie **Montréal**. Sur son plan de Hochelaga en 1556, le géographe italien G.B. Ramusio inscrit **Monte Real** pour désigner le **mont Royal**. Dans sa *Cosmographie universelle de tout le monde*, l'historiographe François de Belleforest, en 1575, est le premier à faire mention de la forme **Montréal** et il applique de plus ce nom à la localité : «mais approchans de la place de Hochelaga, […] au milieu de la compaigne est le village, ou Cité royale jointe à une montaigne cultivée, laquelle ville les Chrestiens appellerent Montreal […].»

Prenez mon opinion pour ce qu'elle vaut, mais je crois qu'il y a une autre explication. Je remarquerai d'abord que la thèse de l'influence italienne n'explique pas que je m'appelle le mont Royal et non le mont Réal. Par ailleurs, il n'y a pas de mal *a priori* à désigner une ville et sa montagne par le même toponyme. Mon vis-à-vis, le mont Saint-Bruno, porte le même nom que la localité (Saint-Bruno-de-Montarville). Idem pour Saint-Hilaire (ville) et Saint-Hilaire (mont). L'histoire aurait pu faire en sorte que nous soyons appelés Montréal (ville) et mont Réal (montagne), ou encore Montroyal (ville) et mont Royal (montagne). Enfin, pourquoi invoquer l'italien quand on sait que *réal* est une variante de l'adjectif *royal* attestée depuis au moins le XVIe siècle, dont on trouve encore des traces dans l'expression *galère réale* « galère destinée au roi » ? J'ai bien peur que l'étymologie ne soit jamais une science exacte !

Reste aussi le problème du passage de Ville-Marie à Montréal. À quelle date situe-t-on ce changement de nom ? Toujours selon Ressources naturelles Canada, l'appellation Ville-Marie était déjà en voie de disparition au profit de Montréal au début du XVIIIe siècle, ainsi que l'atteste une carte intitulée : *Montréal 1725. Plan de la ville de Montréal en Canada.* En tout cas, la montagne que je suis n'est pas peu fière qu'on l'ait baptisée d'un nom royal (en l'honneur, paraît-il, du monarque de l'époque, le bon roi François 1er) et que l'on ait ensuite donné mon nom à l'île et à la ville. Vous savez, certains se moquent « royalement » des honneurs. Pas moi. Je voudrais ajouter, en rapport avec le nom de la ville, que je me souviens d'une époque où le gentilé (mot qui désigne la population d'un lieu) correspondant à Montréal n'était pas *Montréalais* mais *Montréal*… Vous donnez votre langue à la montagne ? *Montréaliste.*

Hochelaga. Hochelaga. Le nom du village iroquois que Cartier et ses hommes trouvèrent en débarquant sur l'île de Montréal est mentionné par deux fois dans la citation ministérielle ci-dessus. Son emplacement est enveloppé de mystère. J'ai promis aux Iroquois d'en garder le secret. Je ne peux donc confirmer ni infirmer les hypothèses suivantes que vous transmet l'auteur. En revanche, je puis vous dire d'où il les tient — de la foire aux questions du Centre d'histoire de Montréal (*www2.ville.montreal.qc.ca/chm*):

— Où était situé le village de Hochelaga?

Bien que les descriptions de Jacques Cartier du village iroquoien de Hochelaga soient assez riches, la narration du voyage de 1535-1536 n'a pas permis à ce jour d'identifier clairement l'emplacement du village de Hochelaga, déjà disparu au moment de la fondation de Montréal en 1642. Non seulement les descriptions topographiques de Cartier, qui auraient permis de localiser l'ancien village iroquoien sont-elles vagues, mais le cadre bâti actuel ne permet pas les fouilles archéologiques des principaux sites hypo-thétiques avancés par les chercheurs. À la lumière de leurs recherches, ces derniers proposent au moins deux localisations possibles: le site de l'Université McGill et le cimetière protestant de Côte-des-Neiges. Cependant, cette dernière hypothèse est fortement contestée puisqu'elle supposerait un débarquement peu probable du groupe de Jacques Cartier par la rivière des Prairies.

Rappelons enfin que la raison pour laquelle les Iroquoiens du Saint-Laurent auraient quitté l'île de Montréal est encore inconnue. Les principales hypothèses sont celles d'un déplacement volontaire en raison d'un refroidissement climatique, d'une décimation de la nation par les guerres intertribales ou encore par la propagation de maladies européennes.

Je n'ai pu contenir mes larmes (si je peux me permettre cet anthropomorphisme) en voyant Hochelaga s'envoler sans laisser de traces, comme des signaux de fumée. Sans doute est-ce à cette disparition inexpliquée que veut faire allusion le poète Christian Mistral quand il parle de « Hochelaga la mythique » dans un des couplets de la chanson officielle qu'il a composée pour les Fêtes du 350e anniversaire de la fondation de Montréal, en 1992 :

On a édifié Ville-Marie
Sur Hochelaga la mythique
Sur Ville-Marie on a bâti
Notre morceau de l'Amérique

Avant de retourner à ma vraie nature et de me taire à jamais (à moins qu'un autre membre pensant du règne animal ne me personnifie de nouveau un jour), je souligne une petite précision tout à fait juste apportée à mon sujet par deux amoureux de Montréal, l'un photographe (Pierre Philippe Brunet), l'autre poète (Jean O'Neil), dans leur beau livre *Les couronnements de Montréal* : « Les riches demeures de Westmount louvoient dans les lacets qui assaillent le plus petit des trois sommets du mont Royal » (2002, p. 75). Eh oui ! je suis triple, trois en une, non pas un, ni deux mais trois sommets consubstantiels et — pourquoi pas ? — coéternels comme la Sainte Trinité. Que Dieu me préserve du danger mortel de l'érosion !

XIV

Nous étions tous les trois en face du fleuve, qui s'élargissait tout à coup entre la pointe de Lauzon et l'anse de Beauport, se partageant en deux bras pour entourer l'île d'Orléans. Le paysage était immense, presque trop vaste, et on pouvait difficilement le contempler sans songer aux grands voiliers partis de Saint-Malo ou de La Rochelle au XVIe siècle pour chercher l'Eldorado ou une sorte de paradis perdu.
— Jacques Poulin, *Les yeux bleus de Mistassini*, 2002, p. 66

REMONTANT LE FLEUVE

Jacques Cartier pénétrant à l'intérieur du continent

Plus vaste que le regard, l'estuaire aux eaux creuses
Se confond avec la mer qu'il vient rencontrer
Et exhorte nos caravelles aventureuses
À s'enfoncer jusqu'au cœur de l'immensité.

Haut dans la mâture la vigie observe les flots
Tandis que nous glissons entre les rives du fleuve ;
L'autre vigie à la proue veille sur le bateau
Qui pénètre pour la première fois en terre neuve.

Voilà soudain qu'au détour d'une île merveilleuse,
Une falaise se dresse et le fleuve se rétrécit ;
Il n'est plus alors qu'une ouverture mystérieuse
Qui à s'y engouffrer corps et biens nous convie.

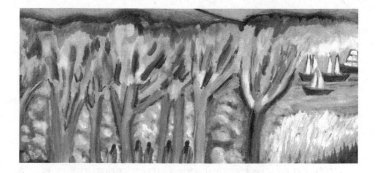

Là où les eaux tumultueuses aux allures austères
Nous empêchent de poursuivre notre exploration,
Nous mouillons l'ancre et descendons enfin à terre,
Puis unis en prière le ciel nous remercions.

Quel est ce mont dont on aperçoit le sommet
Depuis la rive où tout à l'heure nous débarquâmes?
Venez, braves marins, gravissons-le par l'adret
Pour embrasser du regard ce pays sans âmes.

~

Jacques Cartier s'engagea dans le vaste estuaire
du Saint-Laurent lors de son deuxième voyage en
Amérique, en 1535, après une longue traversée de
l'immensité océanique. Le dixième jour du mois
d'Auguste de cette année-là, il décida de renommer
le fleuve. Le renommer? Je fus tout aussi surpris que
vous d'apprendre que notre beau et grand fleuve
ne s'est pas toujours appelé Saint-Laurent. Lisez
donc ces renseignements trouvés dans la foire aux
questions du Centre d'histoire de Montréal (*www2.
ville.montreal.qc.ca/chm*) :

— Pourquoi le fleuve Saint-Laurent s'appelle-t-il ainsi?

Comme plusieurs autres lieux montréalais, le fleuve Saint-Laurent doit sa toponymie à Jacques Cartier qui l'a baptisé ainsi lors de son second voyage, alors qu'il pénétrait, la première fois, loin à l'intérieur des terres par le fleuve. Ainsi, c'est le 10 août 1535, jour de la fête du diacre Laurent, que Cartier renomme ce cours d'eau en l'honneur de ce dernier, martyr à Rome en 258[15]. Auparavant, le fleuve avait connu d'autres appellations plus anciennes dont fleuve d'Hochelaga et rivière du Canada.

On sait que nos cousins les Français sont impressionnés par la générosité de la nature nord-américaine. Tout leur paraît démesuré: nos forêts qui s'étendent à perte de vue, nos lacs si nombreux qu'on ne peut tous les nommer, nos rivières qu'on dirait des fleuves, etc. Emportés sans doute par leur enthousiasme, il leur arrive d'en rajouter et d'exagérer la vastitude de notre géographie, comme en témoigne cet extrait tiré de mon édition passablement ancienne du *Petit Larousse* (1961, p. 1674):

---

15. Aux premiers temps de l'Église romaine, le diacre était spécialement chargé de l'administration des dons charitables et de leur distribution aux pauvres. Selon la légende, le diacre Laurent fut supplicié sur un gril de fer chauffé à blanc par des charbons ardents. Acceptant ses souffrances, il aurait dit: «Je suis cuit d'un côté, retournez-moi.» Quelle ironie de l'histoire que l'on ait donné son nom à un fleuve, l'eau étant l'élément contraire du feu! La corporation des pompiers reconnaît saint Laurent pour patron.

SAINT-LAURENT, grand fleuve de l'Amérique du Nord. Il sort du lac Supérieur, traverse le Canada, baigne Montréal et Québec, et se jette dans l'Atlantique par un magnifique estuaire; 3 800 km. On entreprend de le rendre navigable pour les navires de mer jusqu'au lac Supérieur.

Le moins qu'on puisse dire, c'est que la citation allonge drôlement le fleuve Saint-Laurent, qu'elle confond avec la Voie maritime du même nom, à la construction de laquelle elle fait allusion. Le fleuve Saint-Laurent ne sort pas du lac Supérieur, mais du lac Ontario, et se déverse au bout d'une course de quelque 1 000 km dans les eaux de l'océan Atlantique (en fait, dans le golfe du Saint-Laurent), après avoir formé un immense estuaire évasé. Par ailleurs, je ne connais pas de cours d'eau, aussi long soit-il, qui « traverse le Canada »! Le fleuve Saint-Laurent a beau être une « route fluviale », seule la Transcanadienne revendique le privilège de franchir le pays de part en part (avec le chemin de fer transcontinental). Quant à la Voie maritime du Saint-Laurent, elle mesure effectivement de 3 700 à 3 800 km depuis le lac Supérieur jusqu'à l'océan Atlantique, mais la partie aménagée proprement dite ne s'étend que sur 1 000 km entre le lac Érié en amont et Montréal en aval.

L'ouverture de la Voie maritime, en avril 1959, marquait la réalisation d'un rêve vieux de 400 ans. Au début du XVIᵉ siècle, Jacques Cartier, explorateur français, dû (sic) reculer devant les eaux tumultueuses des rapides de Lachine, juste à l'ouest de ce qu'est aujourd'hui Montréal et ainsi abandonner son rêve de découvrir le passage du Nord-Ouest et la route menant aux richesses de l'Orient.

— *www.grandslacs-voiemaritime.com*

Ce que cette dernière citation ne dit pas, c'est que l'ouverture de la Voie maritime du Saint-Laurent a causé un tort considérable à l'économie de Montréal, jusque-là port de transbordement obligatoire des marchandises destinées à l'intérieur du pays, comme quoi le progrès n'a pas que de bons côtés... Réélu maire en 1960 après l'intervalle Sarto Fournier, Jean Drapeau, qui s'était opposé au projet de la Voie maritime, se lancera dans des travaux d'infrastructure pour redresser la situation économique de sa ville. Pour une fois que Drapeau était contre une entreprise titanesque (ce que fut l'aménagement de la Voie maritime du Saint-Laurent), on aurait peut-être dû l'écouter!

Le visage changeant du Saint-Laurent, depuis l'océan jusqu'à l'intérieur du continent, a inspiré cette belle description (relevée sur un des deux panneaux explicatifs fixés à la balustrade du belvédère de l'île Sainte-Hélène, où il fait bon respirer la brise qui souffle en permanence sur le fleuve):

> D'Anticosti à la plaine,
> le Saint-Laurent est golfe,
> estuaire et fleuve.
> Il est l'un, l'autre et les trois.
> Et bras de mer et sang de la terre.
> Il est veine battante aux caresses

de juillet, il est strate et métal
dérobés par le gel, il est nerf
tendu entre l'Ancien et
le Nouveau Monde.
— Normand Cazelais

Ayant remonté le fleuve, Jacques Cartier dut ensuite le
descendre pour aller porter à celui qui l'avait envoyé,
le roi François 1er, la bonne nouvelle de la découverte
d'un vaste fleuve pénétrant à l'intérieur du Canada.
J'ai imaginé le grand navigateur-explorateur adressant
ces paroles à son équipage au moment d'appareiller :
*Mat'lots, hissez haut, mettons l'cap sur Saint-Malo/S'il
plaît à Dieu, nous r'verrons bientôt l'Monde Nouveau.*

XV

Jamais la nature ne s'est faite aussi prodigue qu'en ce lieu. Le Saint-Laurent serait capable à lui seul d'irriguer la moitié de l'Europe, mais il se précipite ici hors du continent pour se jeter dans la mer. Aucune eau, si abondante soit-elle, ne peut irriguer les pierres, et la province de Québec repose en grande partie sur le roc solide. Tout apparaît comme si des millions d'années auparavant, au cours des ères géologiques, une épée y fut plongée fendant le roc depuis l'Atlantique jusqu'aux Grands-Lacs, épée qu'on aurait ensuite sauvagement retirée.

— Hugh MacLennan, *Deux solitudes,* 1978, p. 13 [© *Two Solitudes,* 1945]

DESCENDANT LE FLEUVE

Sortant du bord éventré des mers ontaroises,
Il se glisse au royaume fabuleux des mille îles
Et songe, quittant ce pays mythique, aux fertiles
Prairies qui longeaient jadis les berges lavalloises.

Secoué par les flots d'un affluent boréal,
À peine s'éveille-t-il en sursaut de sa rêverie
Quand les ressauts de son lit le muent en furie :
Le voilà rapides aux abords de Montréal.

Plus loin où les rives se fuient et se perdent de vue,
Où les eaux douces virginales se fiancent aux salines,
Il n'est plus tout à fait fleuve et pas encore mer.

Puis il va s'évasant vers la vaste étendue
Qui l'attire jusque dans ses profondeurs marines…
Il l'épousera, adoucissant le gouffre amer.

∽

Ainsi que je l'ai fait pour le mont Royal, «haut lieu»
de la géographie montréalaise, un deuxième chapitre
ne me paraissait pas de trop pour cet autre élément
déterminant de la physionomie locale qu'est le
fleuve Saint-Laurent. Après l'avoir remonté dans les
premiers vers, ici nous le suivons depuis sa naissance
jusqu'à ses noces océanes…

Lorsque j'étais jeune, je pensais que le Saint-Laurent
coulait dans l'autre sens, c'est-à-dire de la mer vers les
Grands Lacs (peut-être n'étais-je pas le seul). Encore
aujourd'hui, si je ne fais pas attention, il m'arrive de
me tromper sur la direction du courant. Ainsi les
«erreurs de jeunesse» peuvent-elles persister jusqu'à
l'âge adulte! Avec le temps, les choses s'expliquent
qu'on ne comprenait pas, et on finit par se rendre à
la preuve du contraire. Mais ce n'est qu'en écrivant
ces pages que j'ai pris conscience de la source de

ma méprise : évasé à une extrémité et effilé à l'autre, le fleuve ressemble à un gigantesque entonnoir enfoncé dans le goulot des Grands Lacs. Tout le monde sait que cet instrument de forme conique terminé par un tube sert à verser un liquide dans un récipient de petite ouverture, donc à emplir et non à désemplir. Quoi de plus naturel pour l'enfant, alors, que de croire que la mer remonte la vallée du Saint-Laurent jusqu'aux Grands Lacs ? La théorie de l'entonnoir est tout à fait défendable dans l'imaginaire de l'enfant : si on lui objecte que l'eau sort par le grand bout, il rétorquera que les Grands Lacs sont pleins à ras bords, entraînant un effet de refoulement ! Dans notre empressement à grandir, nous perdons hélas trop vite la faculté de voir le monde à travers les yeux de l'enfant que nous étions. Dommage, car en enfouissant notre vision primitive et fabuleuse des choses sous une épaisse couche de logique et de raison, nous ne percevons plus le monde que tel qu'il est. Tristement réel. Alors qu'il pourrait être autrement poétique…

On assimile souvent les Grands Lacs à des mers intérieures. La comparaison ne tient rien de l'exagération : 23 000 km^3 d'eau occupant une superficie totale de 244 000 km^2, il n'y a pas à dire, c'est grand ! Pas étonnant que le Saint-Laurent ne soit pas encore venu à bout de vider ces énormes réservoirs ! Saviez-vous qu'ils constituent, à eux cinq, la plus vaste réserve d'eau douce au monde (après les calottes glaciaires) ?

Avec le nom qu'il porte, je me doutais bien que le lac Supérieur était le plus grand des cinq. Mais jamais au grand jamais je n'aurais soupçonné qu'il puisse contenir à lui seul les quatre autres. Imaginez! Pour vous donner une autre idée de ses dimensions colossales, sachez que l'eau qu'il contient y séjourne en moyenne — tenez-vous bien — 191 ans! Autrement dit, si on pouvait priver le lac de son bassin versant, et compte tenu de son débit sortant, il mettrait presque deux siècles pour se déverser dans son voisin, le lac Huron. L'homme n'est pas encore né qui pourrait observer ce lent écoulement du début à la fin, malgré la progression constante de l'espérance de vie dans nos pays.

Le lac Michigan (deuxième en superficie) a la particularité d'être entièrement situé dans le territoire américain, alors que les quatre autres sont partagés par la frontière internationale en moitiés plus ou moins égales. Que tout un Grand Lac s'en aille à vau-l'eau chez nos voisins du sud, je veux bien, mais alors qu'ils nous « restituent » une étendue de terre non moins vaste qui aurait dû nous appartenir. Pour peu qu'on consulte une carte du pays, on est frappé — en tout cas je le suis — par toute cette partie septentrionale de l'État du Maine qui avance dans le Canada, prise en sandwich entre le Québec et le Nouveau-Brunswick, et on se dit — en tout cas je me dis — qu'elle aurait dû normalement être à nous (quand je dis « normalement », je veux dire : si le tracé rectiligne de la frontière sud du Québec s'était prolongé jusqu'au Nouveau-Brunswick). Songez au grand détour que nous devons faire pour rendre visite à nos cousins acadiens, alors que le chemin le plus direct passe par le Maine. Seulement voilà, l'État n'est que forêts sauvages dans sa partie « canadienne ». Sans l'ombre d'un doute, s'il nous appartenait, il y a belle lurette que la Transcanadienne le traverserait d'est en ouest (ou d'ouest en est, comme vous voulez).

Pendant que j'y suis, j'ai une autre confession à vous faire. Chaque année, quand l'hiver frappe aux portes de Montréal, mes pensées s'envolent vers les contrées du sud et je me dis que l'histoire, une fois de plus, a mal fait les choses. Pourquoi ne pas avoir partagé l'Amérique du Nord dans l'autre sens, des mers de glace aux plages de sable chaud, afin d'équilibrer les heures d'ensoleillement de nos deux pays ? Il me semble que, en s'y prenant un peu mieux, nous aurions pu devenir propriétaires de toute la moitié est du continent, laissant l'ouest aux Américains. La Belle Province s'étendrait jusqu'en Floride, où nous pourrions séjourner plus de six mois par année sans perdre la nationalité québécoise (oups ! canadienne) et tout en restant couverts par l'assurance-maladie !

Trêve de plaisanterie (ou de rêverie en couleurs). Revenons à notre dure réalité nordique et reprenons l'énumération des Grands Lacs. Le troisième par sa surface est le lac Huron, dont l'immense baie Géorgienne constitue presque un frère jumeau. Trente mille ! Est-ce possible qu'on ait dénombré autant d'îles dans cette baie ? Je plains le pauvre diable qui a eu la tâche de les compter (il eût été peu galant de confier ce travail ingrat à une femme). On peut penser que, arrivé à 30 000, il s'est dit que le compte était bon, et a piqué un plongeon dans la fraîcheur de la baie pour refroidir ses méninges en ébullition !

Le lac Érié et le lac Ontario ferment le bal. Ce dernier est le plus petit et le plus oriental des Grands Lacs. C'est lui qui, à Kingston en Ontario, se déverse dans le Saint-Laurent. Il est connu de « l'homme blanc » depuis 1615, année où l'explorateur français Étienne Brûlé admira pour la première fois ce « beau lac », cette « eau étincelante » (signification de son appellation iroquoise). Quand on sait que Français et Anglais se sont disputé l'Amérique du Nord, on se dit que les langues amérindiennes, en servant à la dénomination des lieux, ont dû éviter bien d'autres chamailleries, d'ordre toponymique celles-là, en raison de leur neutralité linguistique. Le lac Ontario figure, ainsi désigné, sur des cartes d'Amérique du Nord datant du milieu du XVIIᵉ siècle.

Si vous avez l'œil attentif, vous aurez remarqué que les Grands Lacs diminuent comme une peau de chagrin à mesure qu'ils se déversent les uns dans les autres d'ouest en est. Regardez de quoi a l'air le petit Ontario comparé au grand Supérieur : « chagrin », c'est le cas de le dire ! Mais pour nos besoins, c'est le moins important des cinq qui importe le plus, si vous me pardonnez cette apparente contradiction. Car c'est par sa paroi éventrée que l'Ontarien, le cadet des lacs majeurs, donne naissance à notre beau Saint-Laurent. À peine naît-il qu'il s'insinue et se faufile entre mille (et une ?) îles. Décidément, les Canadiens adorent les dénombrements, mais manquent quelque peu d'imagination pour les toponymes. Dès qu'un lac, une baie, une rivière ou un fleuve fourmille d'îles, on les compte par unités de mille, rien de moins. Comment voulez-vous que le Saint-Laurent ne perde pas le sens de l'orientation quand, après avoir traversé mille îles en amont à Kingston, il en retraverse mille autres en aval à Laval? Aurait-il rebroussé chemin, échappant mystérieusement à la loi de la gravité voulant que l'eau suive les pentes en descendant (et non en montant)?

Le bras du Saint-Laurent appelé rivière des Prairies évoque en moi la vision d'anciennes étendues herbeuses qu'auraient aperçues de leurs embarcations les premiers Européens remontant les flots entre l'île Jésus et l'île de Montréal, et qui auraient aujourd'hui disparu mais dont le nom conserverait encore le souvenir. Le poète s'est montré tout à fait disposé à faire sienne cette interprétation séduisante de l'appellation « rivière des Prairies » et à laisser son imagination l'entraîner jusqu'*aux fertiles / Prairies qui longeaient jadis les berges lavalloises.*

Hélas, la curiosité intellectuelle de l'ex-chercheur a fini par avoir raison de l'esprit chimérique du poète, jusqu'à ce que mort s'ensuive (non celle de l'homme, mais de sa vision). Qui cherche trouve:

> À la hauteur de l'île de Montréal, le Créateur semble avoir voulu barrer le passage aux explorateurs qui recherchaient la route du Grand Cathay, puis aux syndicats qui exploitèrent les Pays d'En-Haut. D'un côté, c'est le saut Saint-Louis [rapides de Lachine] qui leur barre la route, et de l'autre, le Gros-Sault

[rapides de Laval] : deux infranchissables sentinelles qu'il fallait contourner.

Lorsqu'on remonte le Saint-Laurent longeant la rive nord, c'est la rivière des Prairies qui semble être la continuation du fleuve. Au témoignage même de Champlain, la rivière prit le nom de l'un de ses compagnons, un Malouin [le sieur des Prairies], qui s'y aventura par erreur alors qu'il allait se retrouver au pied du saut Saint-Louis. D'ailleurs, des chercheurs sérieux ont émis la thèse qu'en 1535, c'est au pied du Gros-Sault que Cartier dut immobiliser ses barques. Aristide Beaugrand-Champagne en était convaincu à cause de divers facteurs, notamment la distance qu'il dit avoir franchie à pied dans l'île pour atteindre la bourgade d'Hochelaga et la description des arbres qui jalonnaient les sentiers.

— Robert Prévost, « Le Gros-Sault de la rivière des Prairies », *Histoire Québec*, vol. 3, n° 1, juin 1997, p. 35

C'est ici que nous devons interrompre notre descente du fleuve, car nous voilà à la tête des redoutables rapides de Lachine, ceux-là mêmes qui ont barré la route, dans l'autre sens, aux premiers explorateurs. Ce débarquement forcé sera pour nous l'occasion d'essayer de mieux comprendre les facteurs qui ont présidé au choix du site de Montréal. Le fleuve, lui, continue sa route vers Québec, le Saguenay puis le large. Depuis le belvédère de l'île Sainte-Hélène, souhaitons-lui bon voyage — et bon mariage ! — en même temps que nous prenons connaissance de l'inscription figurant sur l'autre panneau explicatif accroché au garde-fou :

Ainsi, il n'y a pas un Saint-Laurent,
mais « des » Saint-Laurent : tantôt rivière,
tantôt rapides, tantôt lac, tantôt canal, tantôt
fleuve et tantôt mer, il peut être
langoureux ou déchaîné selon le lieu et l'heure.
— Jean-Marie Lucas-Girardville

XVI

En aval du courant, et suivant les détours
Qui creusent çà et là les rives ombragées,
Sous les feux du midi, trois pirogues chargées
— Près de l'endroit nommé depuis Pied-du-Courant —
Ensemble remontaient les eaux du Saint-Laurent.
— Louis Fréchette, « Première nuit »,
La légende d'un peuple, 1888

LES RAPIDES DE LACHINE

Les rives se rapprochent
Le fleuve se rétrécit
La pente s'accentue
Les eaux se ruent
Se précipitent
S'élancent
Se jettent
Bondissent
Retombent
Rebondissent
Sur les rochers
Qui affleurent tels
Des récifs de rocaille
La surface est vagues
Qui se creusent
Se gonflent
Se brisent
En écume
En remous
Qu'emporte
Le courant puis
La pente diminue
Le fleuve s'élargit
Les rives s'éloignent
Le mouvement ralentit
Les rapides ne sont plus

~

Ces eaux courantes qu'évoque Louis Fréchette dans
son poème en épigraphe ne sont autres que les

rapides de Lachine en amont de Montréal. Jusqu'à ce que je décide d'en parler dans cet ouvrage, je ne m'étais jamais vraiment interrogé sur leur nom. Il me semblait n'être qu'un patronyme à l'origine, comme tant d'autres désignations de lieux. Sans doute celui d'un sieur français, un monsieur de Lachine, qui aurait connu son heure de gloire au début de la colonie montréalaise. Mais au hasard de mes lectures, je tombai sur un premier indice laissant entrevoir une origine plus singulière :

> Cependant la navigation sur le fleuve était bloquée au sud-ouest par des rapides infranchissables qu'on nomma rapides de «Lachine» parce que l'on croyait que, derrière, se trouvait la route vers la Chine.
> — Michelle Justin, *Montréal*, 1989, p. 9

Explication tirée par les cheveux ? En tout cas, j'étais enclin à la mettre en doute. Je n'étais pas le seul. Quand j'en fis part, lors d'un déjeuner, à un proche ami de mes parents, il me regarda d'un air incrédule qui en disait long sur le peu de vraisemblance qu'il y accordait. Mais quelques semaines plus tard, se souvenant de cette explication qui l'avait fait sourire de scepticisme, il la répéta (en mon absence) à mes parents qui, oubliant de qui il la tenait, manifestèrent à leur tour le plus grand étonnement en me rapportant les faits. Je leur confirmai que leur bon ami n'avait rien inventé, puisque j'étais la source de ses propos ! Depuis, j'ai eu l'occasion de consulter un livre qui corrobore avec plus de détails la «sino-étymologie» des rapides :

Pourquoi le nom de Lachine, au fait? Parce que l'intrépide Robert Cavelier de La Salle, qui s'était vu attribuer ce fief en 1667, espérait découvrir à partir de là le passage vers la Chine — au point que ses compatriotes, par dérision, surnommèrent ainsi sa terre, le temps se chargeant ensuite de coller les deux mots en un seul.

— Francine Lelièvre, *Montréal, par ponts et traverses*, 1999, p. 20

Il aurait été assez banal que les eaux tumultueuses en amont de Montréal s'appellent les rapides de La Salle; la dénomination «rapides de Lachine», maintenant que l'on sait ce qu'elle cache d'histoire et d'ironie, est autrement originale et sympathique, et nous rappelle par ailleurs la justesse des paroles de Boileau: «Le vrai peut quelquefois n'être pas vraisemblable.»

Ces remarques d'ordre étymologique incitent à poser une question plus générale. Pourquoi se contenter de parler «bêtement» sa langue sans se donner la peine de s'enquérir de l'origine des mots? Chaque langue est dépositaire de toute l'histoire d'un peuple. Une bonne dose de curiosité lexicale — ou du moins de sensibilité au passé des mots — est par conséquent nécessaire pour la parler «intelligemment» et lui donner un peu de «profondeur», pour reprendre un terme bien choisi utilisé dans la présentation du *Petit Robert*.

Permettez que je donne un autre exemple du genre de surprises étymologiques que les lectures peuvent réserver. J'ignorais, jusqu'à ce que je consulte récemment la biographie de Marcel Pagnol, que le mot *poubelle* vient du nom du préfet parisien qui imposa l'usage de ce récipient à la fin du XIXe siècle (en 1884, précise le *Petit Robert*). Que le préfet Poubelle a-t-il à voir avec Pagnol, vous demandez-vous? Eh bien, le jour de la naissance du futur immortel (membre de l'Académie française), raconte le biographe, son père Joseph, pour passer le temps, lisait le *Petit Provençal* (quotidien de Marseille) qui, ce 28 février 1895, annonçait...

> la retraite prochaine du préfet Poubelle, l'homme qui a obligé les Parisiens à déposer leurs ordures ménagères dans une espèce de lessiveuse prévue à cet effet et qu'ils devront, le matin, placer devant leur porte pour en faciliter l'enlèvement.
> — Raymond Castans, *Marcel Pagnol*, 1987, p. 11

Mon expérience linguistique s'en trouve enrichie du fait que désormais, quand il m'arrive de longer par la route les rapides de Lachine, ou de mettre quelque chose à la poubelle, il m'est possible de songer, par association étymologique, à la Chine tant convoitée par le sieur de La Salle (1640-1687) ou à la Provence si chère à son enfant natal, Pagnol, décédé en 1974. Soit dit en passant, à défaut de découvrir la Chine — beaucoup s'en faut! —, La Salle explora le cours du Mississippi jusqu'à la Louisiane, c'est-à-dire tout l'intérieur du continent du nord au sud, ce qui n'est déjà pas mal. Cela ne vous rappelle-t-il pas quelque chose? Souvenez-vous de ce que nous disions à propos de la division de l'Amérique du Nord, qu'on aurait pu souhaiter longitudinale plutôt que latitudinale…

Mais si j'ai voulu parler des rapides de Lachine, c'est surtout en raison de l'importance capitale qu'ils ont eue dans le choix de l'emplacement de la future ville de Montréal. C'est tout simple : un arrêt était inévitable à la hauteur des eaux tourbillonnantes pour pouvoir les contourner par voie terrestre. Montréal était donc toute désignée comme tête de portage. L'étude d'un célèbre géographe français en apporte la démonstration irréfutable. Pourquoi paraphraser quand tout est admirablement dit ?

Or le Saut Saint-Louis, aujourd'hui désigné sous le nom de Rapides de Lachine, est le dernier vers l'aval de ces gros accidents qui ponctuent le cours du haut Saint-Laurent à l'aval du lac Ontario ; son intérêt n'en est que plus vif, puisqu'il est la borne au-delà de laquelle les eaux s'écoulent sans secousse jusqu'à l'estuaire. [...] les eaux basculent aujourd'hui d'une hauteur moyenne de 42 pieds (près de 13 mètres) entre le lac Saint-Louis à l'amont et la dilatation d'aval étalée devant Laprairie. Assurément, rien d'une chute ; la déclivité, qui s'amorce au droit de Lachine, se propage vers l'aval sur une longueur de 6 milles, soit 9,6 kilomètres, ne donnant ainsi qu'une pente moyenne de 1,33 mètre au kilomètre. Mais cette pente est très inégale : faible à l'amont et à l'aval, elle s'exagère dans la partie centrale, où le fleuve par ailleurs se resserre à une largeur de 900 verges (820 m) ; là les eaux bondissent avec violence sur les rocs, se déchaînent en fortes vagues, se brisent et écument. À coup sûr, ce n'est pas le Niagara, et le spectacle n'a rien de particulièrement imposant. Mais cette simple ruée des eaux suffit à transformer toutes les conditions de la navigation. À la rigueur, une embarcation légère, aux mains de mariniers expérimentés, pourrait descendre les rapides ; mais aucun bateau de gros tonnage ne peut s'y risquer. Quant à la remontée, elle est totalement impossible. Le Saut Saint-Louis interpose donc sur le Saint-Laurent un obstacle infranchissable à la navigation, le premier à se présenter lorsqu'on remonte de l'estuaire, et dont l'existence allait exercer la plus décisive influence sur les destinées de Montréal.

— Raoul Blanchard, *Montréal : esquisse de géographie urbaine*, 1992, p. 62 [© 1947]

Reste à expliquer le choix de la rive nord (ou gauche) de préférence à celui de la rive sud (ou droite) pour le portage. C'est que le contournement des rapides était beaucoup plus court par la rive nord, qui présentait aussi l'avantage de descendre en terrasses de la montagne vers le fleuve, contrairement à la rive sud, de dénivellation trop faible par rapport au fleuve (risques d'inondation) et aux eaux trop peu profondes (difficultés d'accostage).

S'il fallait résumer en une phrase le choix de l'emplacement de Montréal, on pourrait dire que la ville s'est établie là où les spécificités de la géographie locale étaient particulièrement favorables (confluence de grandes voies de communication fluviales et terrestres, dans une plaine fertile, au pied de rapides infranchissables nécessitant un lieu de portage).

Montréal, ville opportuniste? Oui, dans le bon sens du terme!

LA MAIN DE L'HOMME

XVII

Vague est le pont qui passe à demain de naguère
Et du milieu de l'âge on est des deux côtés
Le mur ne fait pas l'ombre et n'est pas la lumière
Qu'on appelait l'hiver qu'on nommera l'été
— Gilles Vigneault, « Le pont », *Silences,* 1978

LES PONTS DE MONTRÉAL

Sur leurs corps allongés
comme des colosses
qu'on aurait oublié d'ériger
les armées humaines passent
qui occupent la cité

Le jour se lève
d'une rive à l'autre ils les emmènent
à ce jour suffira sa peine

Sur leurs corps allongés
comme des colosses
qu'on aurait oublié d'ériger
les armées humaines repassent
qui libèrent la cité

Le jour s'achève
d'une rive à l'autre ils les remmènent
à ce jour a suffi sa peine

∾

Montréal s'est développée pendant près de deux siècles sans ouvrage permanent enjambant les eaux qui « l'insularisent ». Certes, il y avait des lieux de passage du fleuve et des rivières où hommes, bêtes et marchandises pouvaient traverser à bord d'embarcations de tous genres (pirogues, canots, chaloupes à rames, bacs, bateaux à voiles puis à vapeur). Mais le jour finit par arriver où ces traverses ne suffirent plus, où il fallut quelque chose de fixe : un pont. On ne s'étonnera pas que le tout premier ait été érigé sur une rivière, celle des Prairies, moins large et donc plus facile à franchir que le Saint-Laurent. De nombreux autres devaient suivre, à la fois résultat et cause de l'essor de Montréal. Je me suis dit qu'il ne serait

pas inintéressant de dresser la chronologie de ces imposantes structures issues de la main de l'homme, de ces géants couchés sur les flots qui baignent l'île de Montréal. Je n'aurais pas pu le faire sans me référer au magnifique ouvrage intitulé *Montréal, par ponts et traverses* (1999, p. 6) préparé sous la direction de Francine Lelièvre, qui résume la situation ainsi :

> [...] la position géographique de l'île de Montréal confère à celle-ci une vocation toute naturelle de carrefour. Grâce au fleuve et aux rivières qui l'entourent — «chemins d'eau» qui pénètrent loin dans les terres ou donnent accès à l'océan — il sera facile de faire échanges et commerce avec la mère patrie et les collectivités environnantes.
>
> De fait, très vite, le développement de la ville comme celui de l'île iront s'intensifiant, et ce fleuve et ces rivières, de chemins qu'ils étaient, deviendront autant d'obstacles à franchir... par ponts et traverses.

Chronologie des ponts de Montréal

1836 — Pont de Cartierville (ou pont Lachapelle), entre Cartierville (île de Montréal) et Chomedey (île Jésus), sur la rivière des Prairies ; construction (bois) : 1836 ; reconstruction (métal) : 1880 ; reconstruction (métal) : 1930 ; doublement : 1976 ; type de pont : *carrossable* puis *routier*.

Persillier-Lachapelle (Pascal de son prénom) fut le constructeur du premier pont carrossable reliant l'île de Montréal et sa région avoisinante (en l'occurrence l'île Jésus). Patriote convaincu, il faillit détruire son ouvrage pour bloquer la progression des troupes anglaises lors de la révolte de 1837. La Ville de Montréal, s'étant portée acquéreuse du pont en 1912, a tenu à le rebaptiser «pont de Cartierville» du nom du quartier montréalais où il aboutit. Ayant grandi à l'Abord-à-Plouffe (devenu Chomedey en 1960 après sa fusion avec les villes de Renaud et de Saint-Martin), je puis attester que l'habitude de désigner le pont par le nom de Lachapelle ne s'est pas perdue.

1847 — Pont Ahuntsic (ou pont Viau), entre Ahuntsic (île de Montréal) et Pont-Viau (île Jésus), sur la rivière des Prairies; construction (bois): 1847; reconstruction (métal): 1887; reconstruction (béton): 1930; rénovation: 1962; type de pont: *carrossable* puis *routier.*

Le pont Viau a connu le même sort toponymique que le pont Lachapelle. Acquis lui aussi par la Ville de Montréal en 1912, il fut rebaptisé «pont Ahuntsic» du nom du quartier montréalais qu'il dessert. Quant au nom d'origine, il commémorerait un certain Pierre Viau, propriétaire des terres sur lesquelles était situé le pont du côté de l'île Jésus. Et à l'instar de son voisin situé en amont, le pont Viau continue d'être désigné par son nom de baptême par les riverains.

1849 — Pont des Saints-Anges, entre Ahuntsic (île de Montréal) et Duvernay (île Jésus), sur la rivière des Prairies; construction: 1849; démolition: 1883; type de pont: *carrossable.*

Il n'existe, semble-t-il, aucun témoignage photographique de ce pont, qui était vraisemblablement situé à l'emplacement de l'actuel pont Papineau-Leblanc (voir année 1969). De tous les ponts jamais construits autour de l'île de Montréal, celui des Saints-Anges remporte la palme de l'ouvrage fluvial ayant le plus joli nom. Malheureusement, il ne l'a que trop bien porté, puisqu'il a été enlevé par les saints anges au paradis des ponts démolis! Son constructeur ne fut nul autre que Pascal Persillier-Lachapelle fils. Tel père, tel...

1854 — Pont du CN (autrefois pont du Grand Tronc), entre Sainte-Anne-de-Bellevue (extrémité ouest de l'île de Montréal) et l'île Perrot, sur la rivière des Outaouais; construction: 1854; reconstruction: 1900; type de pont: *ferroviaire.*

Il s'agit du premier pont de chemin de fer jamais construit à Montréal. Le XIXe siècle est celui du train, invention qui contribuera au développement voire à la constitution même du Canada. La devise du pays n'est-elle pas *Mare usque ad mare?* Or le grand fleuve et ses affluents, d'abord fidèles amis des explorateurs, deviennent dès lors de formidables entraves à la circulation. Qu'à cela ne tienne, les compagnies ferroviaires naissantes (dont le Grand

Tronc, aujourd'hui le Canadien National) se lancent avec enthousiasme dans la construction des infra-structures nécessaires.

1860 — Pont Victoria, entre Pointe-Saint-Charles (île de Montréal) et Saint-Lambert (rive sud), sur le fleuve Saint-Laurent ; construction : 1855-1860 ; reconstruction : 1898 ; ajuste-ment à la Voie maritime du Saint-Laurent : 1958-1961 ; propriétaire : Canadien National (autrefois Grand Tronc) ; type de pont : *ferroviaire* et *routier.*

Surnommé à l'époque la «huitième merveille du monde», le pont Victoria fut le tout premier ouvrage ferroviaire (ou autre) construit sur le fleuve Saint-Laurent, véritable tour de force d'ingénierie quand on songe à ses un peu moins de 3 km de longueur. Lors de sa reconstruction en 1898, il se voit élargi de deux voies latérales réservées aux véhicules et aux piétons, cumulant ainsi la double fonction de pont ferroviaire et routier.

1876 — Pont de Bordeaux, entre Bordeaux (île de Montréal) et Laval-des-Rapides (île Jésus), sur la rivière des Prairies ; construction : 1876 ; propriétaire : Canadien Pacifique (qui a racheté la Québec, Montréal, Ottawa et Occidental [QMO&O], le propriétaire originel) ; type de pont : *ferroviaire.*

L'histoire de ce pont est marquée par un triste événement. Construit sans passerelle pour piétons, on s'y aventurait à ses risques et périls. À la suite d'un accident causant la mort par noyade de deux religieuses s'étant jetées à l'eau pour éviter le train qui les surprit sur le pont, le CP se résolut enfin mais trop tard à doter l'ouvrage d'une passerelle. C'était en 1925. J'ai des souvenirs de ce pont sur lequel, enfants, nous nous aventurions en bicyclette pour aller jouer sur l'île qu'il chevauche près de la rive montréalaise.

1885 — Pont CP Saint-Laurent, entre LaSalle (île de Montréal) et Kahnawake (rive sud), sur le fleuve Saint-Laurent ; construction : 1883-1885 ; doublement : 1913 ; ajustement à la Voie maritime du Saint-Laurent : 1958-1960 ; type de pont : *ferroviaire*.

Il semble exister une confusion quant à la désignation de ce pont, car le nom qui figure sur la carte de Montréal, ainsi que sur d'autres documents officiels de la Ville de Montréal, est « pont [CP] Saint-Laurent », et non « pont de Lachine » comme l'indique l'ouvrage de référence cité en introduction. Cette dernière appellation est probablement une erreur, car le pont ferroviaire en question aboutit à LaSalle et non à Lachine. Quoi qu'il en soit, les Mohawks ont participé à la construction de ce pont situé en face de leur réserve, tout comme ils le feront pour le pont Mercier (voir année 1934).

1887 — Pont du CP, entre Sainte-Anne-de-Bellevue (extrémité ouest de l'île de Montréal) et l'île Perrot, sur la rivière des Outaouais ; construction : 1887 ; type de pont : *ferroviaire*.

Le CP emboîte le pas au CN et construit un pont près de celui érigé par son concurrent en 1854. Montréal se relie à l'Ontario et à l'Ouest canadien.

1893 — Pont Jacques-Bizard (ou pont de l'île Bizard), entre Sainte-Geneviève (île de Montréal) et l'île Bizard, sur la rivière des Prairies ; construction : 1893 ; renforcement : 1904 ; remplacement : 1966 ; type de pont : *carrossable* puis *routier.*

Avec le nom qu'il porte, le pont de l'île Bizard était prédestiné à la bizarrerie. De construction trop fragile au départ, il demandait la plus extrême des précautions afin de sauvegarder son intégrité structurale. Ainsi était-il interdit de le franchir plus d'un cheval à la fois, et au pas s'il vous plaît ! Renforcé en 1904, il présentait toujours des faiblesses, la vitesse de traversée étant limitée à 20 mp/h (aujourd'hui nous dirions 30 km/h). Ce n'est qu'en 1966, avec le remplacement complet du pont, que les habitants purent quitter et regagner leur île en toute tranquillité.

1904 — Pont du Bout-de-l'Île, entre le Bout-de-l'Île (extrémité est de l'île de Montréal) et Repentigny (rive nord), sur la rivière des Prairies ; construction : 1904 ; propriétaire : Canadien National (autrefois Canadien Nord) ; type de pont : *ferroviaire.*

Jusqu'alors, tous les ponts ferroviaires étaient orientés vers l'ouest (marché ontarien) ou le sud (marché américain). Le pont du Bout-de-l'Île marque une nouvelle direction dans le développement économique du Québec. Il sera le premier pont ferroviaire vers l'est, reliant les villes de Montréal et de Québec en passant par Shawinigan. C'est d'ailleurs l'essor industriel de cette dernière qui est à l'origine de la construction du pont du Bout-de-l'Île.

1916 — Pont du CN, entre Pierrefonds (île de Montréal) et Laval-sur-le-Lac (île Jésus), sur la rivière des Prairies; construction: 1916; type de pont: *ferroviaire.*

Les ponts ferroviaires sont les mal-aimés de la toponymie! Portant le plus souvent le nom de leur propriétaire, il devient difficile de les distinguer les uns des autres. Ainsi en est-il du « pont du CN » qui, à Montréal, désigne à la fois celui entre Pierrefonds et Laval-sur-le-Lac, et celui entre Sainte-Anne-de-Bellevue et l'île Perrot (voir année 1854). Quoi qu'il en soit, le pont du CN (de Pierrefonds) fut érigé pour relier Montréal et Ottawa, et ainsi concurrencer la ligne du CP passant par le pont de Bordeaux (voir année 1876).

1925 — Pont Galipeault, entre Sainte-Anne-de-Bellevue (île de Montréal) et l'île Perrot (à côté des ponts du CN et du CP), et pont Taschereau, entre l'île Perrot et Dorion, tous deux sur la rivière des Outaouais; construction: 1913 et 1924-1925 (la guerre ayant interrompu les travaux débutés en 1913); doublement du pont Galipeault (par ajout d'un pont): 1964; reconstruction du premier pont Galipeault: 1991; type de ponts: *routiers*.

Il s'agit des deux premiers ponts de l'ère automobile construits dans la région montréalaise. L'un porte le nom de celui qui était premier ministre du Québec à l'époque, Louis-Alexandre Taschereau; l'autre, le nom de celui qui était son ministre des Travaux publics et du Travail, Antonin Galipeault. Il n'est pas exagéré de parler d'« ère » automobile puisqu'en 1929 le Québec comptait déjà un million de véhicules à quatre roues (ou plus)! Il fallait bien que les Montréalais puissent quitter leur île autrement qu'en train, dont l'automobile sonnera le glas comme mode privilégié de déplacement.

1930 — Pont Jacques-Cartier, entre Montréal (île de Montréal), l'île Sainte-Hélène et Longueuil (rive sud), sur le fleuve Saint-Laurent; construction: 1925-1930; ajustement à la Voie maritime du Saint-Laurent: 1958-1959; type de pont: *routier*.

D'abord appelé le pont du Havre de Montréal (traduction de l'anglais *Montreal Harbour Bridge*, nom qui n'était pas pour plaire aux Canadiens français), l'ouvrage est rebaptisé pont Jacques-Cartier en 1934, pour commémorer le quatrième centenaire de la découverte du Canada par le célèbre explorateur malouin, dont un buste en bronze (cadeau de la France) trône adossé à un muret du pont surplombant l'île Sainte-Hélène. Avec la montagne et sa croix, le pont Jacques-Cartier est une des figures emblématiques de Montréal. Si j'ai une préférence parmi tous les ponts de Montréal, c'est celui-là — et pour le prouver, je lui ai consacré un chapitre à lui tout seul!

1934 — Pont Honoré-Mercier (ou simplement pont Mercier), entre LaSalle (île de Montréal) et Kahnawake (rive sud), sur le fleuve Saint-Laurent, en aval du pont ferroviaire du CP (voir année 1885); construction: 1932-1934; ajustement à la Voie maritime du Saint-Laurent: 1958; doublement: 1963; type de pont: *routier.*

Louis-Alexandre Taschereau est toujours premier ministre du Québec quand s'achève la construction du pont Honoré-Mercier en 1934. Pas peu fier de souligner le savoir-faire québécois (ce sont des ingénieurs canadiens-français qui ont bâti le pont Mercier), L.-A. Taschereau inaugure l'ouvrage avec ces mots de conclusion: «Notre grand fleuve a ainsi été vaincu par notre petit peuple.» Paroles qui ne sont pas sans rappeler René Lévesque et sa fameuse référence au «petit peuple» du Québec lors de son émouvant discours après la défaite référendaire de 1980. À l'instar du pont Jacques-Cartier construit en aval quatre années plus tôt, le pont Mercier offre des lignes gracieuses qui contrastent avec celles, ordinaires, des ponts ferroviaires.

1938 — Pont Pie-IX, entre Montréal-Nord (île de Montréal) et Saint-Vincent-de-Paul (île Jésus), sur la rivière des Prairies; construction: 1937-1938; doublement: 1965; reconstruction de la voie sud: 1970; type de pont: *routier.*

Appelé d'abord pont Le Caron (appellation tombée dans l'oubli), du nom du récollet qui, selon Champlain, célébra la première messe en Nouvelle-France sur les bords de la rivière des Prairies, le 24 juin 1615, il est rebaptisé pont Pie-IX en 1943, du nom du boulevard montréalais dont il est le prolongement. Comme les ponts Jacques-Cartier et Honoré-Mercier avant lui, il doit son existence à la décision qu'ont prise les différents paliers de gouvernement d'entreprendre de grands travaux d'infrastructure pour remettre les chômeurs au travail. Le Québec a été touché de plein fouet par la crise économique des années 1920 et 1930.

1939 — Pont Pierre-Le Gardeur (ou simplement pont Le Gardeur), entre Pointe-aux-Trembles (île de Montréal) et Repentigny (rive nord), sur la rivière des Prairies; construction: 1938-1939; reconstruction et doublement: 1974; type de pont: *routier.*

Le pont Le Gardeur est surnommé depuis toujours « pont du bout de l'île » ou « pont Charlemagne ». Ces variantes prêtent à confusion, la première parce qu'existe depuis 1904, juste en amont, le pont ferroviaire du Bout-de-l'Île (appellation officielle), la seconde parce qu'existe également tout près, sur la rivière L'Assomption, le pont Charlemagne (appellation officielle). Il faut croire que les riverains n'ont pas de mal à s'y retrouver, puisque ce sont eux qui ont surnommé ledit pont !

1959 — Pont Médéric-Martin, entre Montréal (île de Montréal) et Laval-des-Rapides (île Jésus), sur la rivière des Prairies ; construction : 1959 ; type de pont : *autoroutier*.

Traversé par l'autoroute 15 (surnommée « l'autoroute des Laurentides ») qui relie l'île de Montréal, l'île Jésus et la rive nord jusqu'à la région des Laurentides, ce pont inaugure l'ère autoroutière. Si j'ai bonne mémoire, nous, les riverains, ne le connaissions que sous le nom de « pont de l'autoroute ». Je ne savais pas qui était Médéric Martin avant d'entreprendre ce chapitre. Réponse : maire de Montréal pendant 12 ans (1914-1924, 1926-1928). Il est intéressant de noter que ce premier pont autoroutier enjambe une rivière et non le fleuve, comme ce fut le cas pour le premier pont carrossable (rivière des Prairies), le premier pont ferroviaire (rivière des Outaouais) et le premier pont routier (rivière des Outaouais). On franchit toujours le fleuve en dernier !

1962 — Pont Champlain, entre Verdun (île de Montréal), l'île des Sœurs et Brossard (rive sud), sur le fleuve Saint-Laurent; construction: 1957-1962; type de pont: *autoroutier.*

Érigé dans le but de relier Montréal et Sherbrooke via l'autoroute 10 qui traverse les Cantons de l'Est, le pont Champlain aurait pu revendiquer le titre de premier pont autoroutier si son chantier, inauguré deux ans avant celui du pont Médéric-Martin sur la rivière des Prairies, ne s'était pas étiré jusqu'en 1962. Cela en dit long sur l'énorme défi que représente tout ouvrage enjambant le Saint-Laurent. Le pont Champlain est protégé de la circulation des glaces hivernales par une estacade. Comme ses voisins en amont (Honoré-Mercier) et en aval (Jacques-Cartier), il a une apparence plutôt élégante, comparé au profil bas et massif des ponts ferroviaires. Mais contrairement à ceux-ci, il s'accommode fort mal du prénom de l'illustre personnage dont il porte le nom (on ne l'appelle jamais «pont Samuel-de-Champlain»). Curieux.

1965 — Pont de l'île-aux-Tourtes, entre Senneville (île de Montréal) et Vaudreuil (rive «ouest»), sur la rivière des Outaouais (lac des

Deux Montagnes); construction: 1964-
1965; type de pont: *autoroutier.*

Traversé par l'autoroute 40 (Transcanadienne)
qui relie Montréal et Ottawa, je croyais que les
riverains appelaient ce pont par un autre nom,
mais lequel? Pont des Deux Montagnes? Pont de
la Transcanadienne? Pour en avoir le cœur net,
j'ai téléphoné à la municipalité de Senneville, où
un monsieur m'a gentiment expliqué que le pont
n'était connu que sous son nom officiel. Et lui de
me demander à son tour si je savais l'origine du mot
tourte. Non, il ne renvoie pas à une pâte de forme
arrondie dans laquelle on met de la viande, mais à
une espèce de grosse tourterelle qui, à force d'être
chassée par les premiers colons, a tristement disparu,
ne survivant que par éponymie dans le nom de l'île et
du pont qui prend appui sur elle.

1965 — Pont de la Concorde, entre le port de
Montréal et l'île Sainte-Hélène, sur le
fleuve Saint-Laurent; construction: 1965;
reconstruction: 1998; type de pont: *routier.*

Construit en prévision d'Expo 67, ce pont, dans son
prolongement jusqu'à l'île Notre-Dame, change de
nom (pont des Îles). Ne pas confondre ce dernier
avec le pont du Cosmos, plus en aval sur le chenal
LeMoyne qui coule entre l'île Sainte-Hélène et l'île
Notre-Dame.

1967 — Pont Charles-de-Gaulle, entre Pointe-aux-
Trembles (île de Montréal) et Lachenaie (rive nord),

sur la rivière des Prairies; construction : 1965-
1967; type de pont : *autoroutier.*

Le passage du général au Québec en 1967 n'est pas
passé inaperçu, avec son cri de liberté poussé du haut
du balcon de l'hôtel de ville de Montréal ! Si certains
n'ont pas apprécié, d'autres ne lui en ont pas voulu,
comme en témoigne ce pont éponyme sur l'autoroute
40 reliant Montréal et Québec par la rive nord. C'est
ce pont même que traversa le général pour gagner
l'île de Montréal au terme de sa remontée du Chemin
du Roy.

1967 — Pont-tunnel Louis-Hippolyte-La Fontaine,
entre Montréal (île de Montréal) et
Longueuil (rive sud), sur et « sous » le fleuve
Saint-Laurent; construction : 1965-1967;
type de pont-tunnel : *autoroutier.*

Traversé par l'autoroute 20 reliant Montréal et
Québec par la rive sud, saviez-vous que le pont-tunnel
L.-H.-La Fontaine n'est pas, dans sa partie tunnel, une
galerie creusée sous le Saint-Laurent, mais un tube
— composé de sept éléments de béton précontraint
— reposant au fond de celui-ci, dans un chenal
aménagé à cette fin ? Les eaux du fleuve glissent sur
l'ouvrage mais, rassurez-vous, chaque élément de
110 m de longueur est doté d'un joint hermétique
à ses extrémités. Autre question : pourquoi a-t-on
choisi un tunnel plutôt qu'un pont ? (Si vous pensez
que c'est parce que les Montréalais en avaient marre
des ponts, déjà nombreux, vous vous trompez.)
Ce sont des considérations à la fois pratiques et

financières qui ont prévalu, car l'érection — oups ! la construction — d'un pont aurait nécessité, vu le faible dénivellement des rives par rapport au fleuve à l'emplacement choisi (l'est de l'île), de longues approches surélevées, pas seulement en hauteur mais aussi en coût !

1967 — Tunnel du métro Montréal-Longueuil, entre la station Berri-UQÀM (autrefois Berri-de-Montigny) à Montréal (île de Montréal), la station Jean-Drapeau (autrefois Île-Sainte-Hélène) sur l'île Sainte-Hélène et la station Longueuil à Longueuil (rive sud), sous le fleuve Saint-Laurent ; construction : 1963-1967 ; type de tunnel : *métropolitain.*

Il ne s'agit pas d'un pont, mais comment passer sous silence le tronçon sous-fluvial du métro de Montréal, autre grand ouvrage réalisé à temps pour l'Exposition universelle de 1967 ? Le monde entier « débarque » au milieu des flots. La construction du tunnel métropolitain reliant Montréal et Longueuil permettra à des millions de visiteurs (Montréalais et étrangers) de franchir le fleuve « par en dessous » pour se rendre à Terre des Hommes, ainsi que l'on surnomme l'exposition. Contrairement au tunnel Louis-Hippolyte-La Fontaine, celui du métro est creusé dans le roc formant le lit du fleuve. La pente est telle que seules des voitures de métro montées sur pneumatiques peuvent la gravir sans patiner.

1969 — Pont Papineau-Leblanc, entre la rue Papineau à Ahuntsic (île de Montréal) et le boulevard

Leblanc à Duvernay (île Jésus), sur la rivière des Prairies; construction: 1968-1969; type de pont: *autoroutier.*

Le pont Papineau-Leblanc est sans conteste le plus élégant des ponts autoroutiers montréalais en raison de son architecture dite de «haubanage», son tablier étant suspendu par des haubans (câbles) fixés au sommet de deux pylônes disposés au centre du tablier, prolongement vertical des piliers soutenant l'ouvrage à chaque extrémité. La convention jusque-là était de construire des ponts autoroutiers classiques, mais les glaces en ont décidé autrement dans le cas présent. Pour ne pas entraver leur dérive, les ingénieurs ont préféré un minimum de piliers grâce à la technique du haubanage.

1975 — Pont Louis-Bisson, entre Montréal (île de Montréal) et Chomedey (île Jésus), sur la rivière des Prairies; construction: 1975; type de pont: *autoroutier*.

Traversé par l'autoroute 13 desservant la partie ouest de l'île Jésus avant de rejoindre l'autoroute 640 qui longe la rive nord, le pont autoroutier Louis-Bisson (ou «pont de la 13») se trouve être le dernier-né des ponts de l'île de Montréal... en attendant le prochain.

≈

Cette chronologie appelle un certain nombre d'observations générales. D'abord, on ne peut qu'être impressionné par le nombre de ponts de tous genres dont s'est entourée la ville — que dis-je? — l'île de Montréal: plus d'une vingtaine en tout, érigés en l'espace d'un siècle et demi, le premier en 1836, le dernier en 1975. Hormis le défunt pont des Saints-Anges, tous sont encore debout (certains, il est vrai, grâce à une ou plusieurs cures de rajeunissement). Ensuite, en examinant de plus près les dates de construction et les types de ponts, on distingue clairement quatre grandes périodes: 1) l'ère carrossable ou pré-ferroviaire (1836-1849), 2) l'ère ferroviaire (1854-1916), 3) l'ère routière (1925-1938) et 4) l'ère autoroutière (1959-1975). Ajoutons que les travaux d'infrastructure entrepris pendant l'ère routière, qui correspond étroitement à la période de la grande crise économique des années 1920 et 1930, l'ont été précisément pour remettre des milliers de chômeurs au travail. La situation est tout autre en ce qui concerne l'ère autoroutière, qui coïncide avec la période de boom économique des années 1960 et 1970. Le parc automobile était devenu tel qu'il fallait un réseau routier capable de permettre une circulation fluide à grande vitesse. Enfin, la construction de tous ces ponts laisse une question en suspens : avant ces ouvrages, comment nos ancêtres franchissaient-ils le fleuve et ses affluents ? Nous avons déjà évoqué les traverses, mais elles ne fonctionnaient que durant la belle saison. En hiver, comment faisaient-ils ? Ingénieux, sachant se faire une amie de Dame Nature, ils construisaient des «ponts de glace». Il leur suffisait d'attendre que la glace soit suffisamment prise. Elle avait alors une capacité portante tout à fait étonnante, puisqu'elle permettait d'aménager, au plus froid de l'hiver, un chemin de fer, rien de moins, entre Montréal et la rive sud ! Si j'avais vécu à cette époque, je ne sais pas si je m'y serais risqué ! Et vous ?

Place maintenant au pont «croche»…

XVIII

Sous le pont Mirabeau coule la Seine
              Et nos amours
        Faut-il qu'il m'en souvienne
La joie venait toujours après la peine
— Guillaume Apollinaire, « Le pont Mirabeau »,
Alcools, 1913

LE PONT JACQUES-CARTIER

Imité du « Pont Mirabeau » d'Apollinaire

Sous le pont Jacques-Cartier coule le fleuve
Et Montréal
Faut-il qu'il vente qu'il pleuve
Reste immobile sur les flots qui se meuvent

Les jours sourient les jours pleurent
Le temps passe le pont demeure

Bras dessus bras dessous on se promène
Tandis que la
Grande arche du pont nous mène
De la ville Marie à l'île Sainte-Hélène

Les jours sourient les jours pleurent
Le temps passe le pont demeure

L'été s'en va comme cette eau sous le pont
L'été s'en va
Comme le regret est long
Et comme est lent le rythme des saisons

Les jours sourient les jours pleurent
Le temps passe le pont demeure

Arrivent les froids et arrivent les épreuves
Ni les êtres
Ni les choses ne s'émeuvent
Sous le pont Jacques-Cartier coule le fleuve

Les jours sourient les jours pleurent
Le temps passe le pont demeure

≈

Le pont Mirabeau de Wilhelm Apollinaris Albertus de Kostrowitzky, dit Guillaume Apollinaire (1880-1918), est un des joyaux de la poésie française. Le rythme de ce poème est si fluide qu'on a l'impression en le lisant que les mots coulent comme la Seine sous le pont Mirabeau. J'ai pensé qu'il ne déplairait pas à ce « prince[16] » de la poésie française que je lui rende hommage en m'inspirant de ses vers pour

16. Au propre comme au figuré. Guillaume Apollinaire était le fils naturel d'un prince italien et d'une jeune femme appartenant à la noblesse polonaise, Angelica de Kostrowitzky.

aborder notre grand fleuve à nous, le Saint-Laurent qui, comme la Seine, déverse ses eaux dans l'océan Atlantique et qui, à Montréal comme à Paris la Seine, est enjambé par plusieurs ponts, dont celui qui tient son nom du célèbre explorateur Jacques Cartier, et un autre qui tient le sien de Victoria, reine d'Angleterre, lequel a frappé l'imaginaire d'un poète canadien-français du XIXe siècle[17] :

> Sa grandiose et noble masse
> Tranche d'un jet notre horizon,
> Et domine une mer de glace
> Que le fleuve soulève en crevant sa prison.
> — Benjamin Sulte, « Le pont Victoria »,
> *Les Laurentiennes*, 1870

Il serait dommage de ne pas citer le poème d'Apollinaire en entier tellement il est beau. Il est tiré de son recueil de vers le plus fameux, *Alcools*, dont on dit qu'il a apporté à la poésie française ses accents les plus neufs depuis Rimbaud et Verlaine :

17. On se rappellera que le pont Victoria a fait son apparition dans le paysage fluvial montréalais en 1860.

LE PONT MIRABEAU

Sous le pont Mirabeau coule la Seine
Et nos amours
Faut-il qu'il m'en souvienne
La joie venait toujours après la peine

Vienne la nuit sonne l'heure
Les jours s'en vont je demeure

Les mains dans les mains restons face à face
Tandis que sous
Le pont de nos bras passe
Des éternels regards l'onde si lasse

Vienne la nuit sonne l'heure
Les jours s'en vont je demeure

L'amour s'en va comme cette eau courante
L'amour s'en va
Comme la vie est lente
Et comme l'espérance est violente

Vienne la nuit sonne l'heure
Les jours s'en vont je demeure

Passent les jours et passent les semaines
Ni temps passé
Ni les amours reviennent
Sous le pont Mirabeau coule la Seine

Vienne la nuit sonne l'heure
Les jours s'en vont je demeure

En quoi Apollinaire a-t-il innové par rapport à ses prédécesseurs? En bon moderniste qu'il était, explique Brigitte Buffard-Moret dans son *Introduction à la versification* (1997, p. 50, 88), il s'est octroyé un certain nombre de libertés par rapport à la poésie classique. Ainsi ses alexandrins (vers de 12 syllabes) n'ont pas de césure régulière (pause syntaxique à l'hémistiche, c'est-à-dire après la 6e syllabe), les rimes (retour régulier de mêmes sons à la fin de vers différents) ne sont pas pures et respectent une alternance vocalique/consonantique (mot terminé par une voyelle/ consonne prononcée) plutôt que féminine/masculine (mot terminé ou non par un *e* muet), l'accent tonique peut être sur un mot clitique (mot qui normalement ne porte pas l'accent, comme les articles et les prépositions), l'assonance (répétition du même son vocalique, sans que l'appui consonantique soit le même, ex.: *belle* et *bête*) peut remplacer la rime, la rime souvent même disparaît (vers blancs), les vers réguliers (vers de longueur égale en nombre de syllabes) alternent avec les vers libres (vers de longueurs inégales), le traitement du *e* caduc (ou *e* muet) peut se conformer à la prononciation courante plutôt que poétique (ex.: *Ce col-lier de goutt[es] d'eau / va pa-rer la no-yée*) et la ponctuation, qui paraît inutile aux yeux d'Apollinaire, est supprimée dans *Alcools*. «Le rythme même et la coupe des vers voilà la véritable ponctuation», écrit-il dans une lettre à un ami.

On remarque effectivement que la ponctuation brille par son absence dans *Le pont Mirabeau*, mais que les *e* muets, eux, ne se sont pas encore tus! (Je les ai soulignés pour les faire ressortir, ainsi que la diérèse *vi-o-lente*.) Je l'ai dit en début d'ouvrage et je le répète ici : j'ai privilégié la prononciation courante dans tous mes poèmes. S'il m'arrive de déroger à ma propre convention, c'est toujours sciemment et pour de bonnes raisons. Par exemple, le premier vers *Sous le pont Jacques-Cartier coule le fleuve* est censé être lu en faisant entendre le *e* muet de *coule*. Pourquoi ? Pour rester fidèle au vers correspondant d'Apollinaire — mais aussi, je l'avoue, pour que le compte de syllabes soit bon. L'alternative serait de prononcer *Sous le pont Jacques-Cartier coule le fleuve*, mais le vers serait moins joli ainsi. La prononciation voulue par l'auteur n'est pas connue à l'avance, et l'un des plaisirs de la lecture poétique consiste justement à la deviner. Ayant deviné, donc, que mon poème est écrit en décasyllabes, vous en concluez que le premier vers de la deuxième strophe se lit *Bras dessus bras dessous on se promène*, et non *Bras d'ssus bras d'ssous on s'promène*, prononciation « syllabophage » par trop familière ! On devrait se libérer de l'emprise de la mesure, disent certains, et ne pas se soucier du nombre de syllabes. Si je m'en suis affranchi dans quelques poèmes à vers libres, la grande majorité des autres restent à vers réguliers. Je n'y peux rien, c'est sans doute l'ancien matheux en moi qui prend un malin plaisir à compter et recompter les syllabes sur le bout des doigts jusqu'à ce que le compte y soit[18].

---

18. Au Collège Stanislas où j'ai fait mes études secondaires, les mathématiques et les sciences physiques étaient les matières à l'honneur plutôt que la littérature, et c'est vers elles que les (bons) élèves étaient dirigés quels que soient leurs penchants naturels. En bifurquant vers la linguistique à l'Université McGill, j'ai renoué en quelque sorte avec mes premières amours.

À force de parler de poésie nous en avons presque oublié le principal intéressé, le pont Jacques-Cartier, même si, serais-je tenté de dire, un poème vaut mille mots ! Donnons quand même, en terminant, quelques chiffres et explications au sujet de ce pont dit « croche » à cause des trois courbes de son tablier (renseignements tirés une fois de plus du bel ouvrage de Francine Lelièvre, *Montréal, par ponts et traverses,* 1999, p. 68) :

- 300 mètres = longueur de la travée principale entre l'île de Montréal et l'île Sainte-Hélène (distance entre les deux piliers supportant la travée) ;
- 150 pieds = hauteur libre maximale au-dessus du Saint-Laurent (mesurée au centre de la travée principale) ;
- 10,5° = déviation du tablier entre l'île Sainte-Hélène et Longueuil (en raison du fleuve Saint-Laurent dont les eaux coulent à des angles différents de part et d'autre de l'île Sainte-Hélène) ;
- courbe Craig = déviation à l'entrée de Montréal pour ramener l'axe du tablier dans celui des voies de circulation de la ville ; surnommée « courbe de la mort » en raison des nombreuses collisions frontales et pertes de vies survenues jusqu'à ce que des mesures correctives soient apportées en 1987 ;
- courbe Barsalou = déviation non prévue du tablier à la fin de l'entrée de Montréal due à l'entêtement d'un certain Hector Barsalou, propriétaire d'une fabrique de savon, qui refusa de se laisser exproprier ;
- 5 = nombre d'ouvriers qui ont perdu la vie sur le chantier de 1925 à 1930 ;

- 0,25 $ = droit de passage pour un véhicule et son conducteur en 1930, plus 0,15 $ par passager ; piétons et cyclistes : 0,15 $ (les péages seront abolis en 1962) ;
- 1961 = ouverture d'une seconde rampe d'accès à l'île Sainte-Hélène (à l'intention des Longueuillois).

Une autre création de la main de l'homme nous attend à présent, non pas « croche » mais cruciforme…

XIX

Montréal c'est cette ville qui est là derrière le fleuve, la ville qui est là derrière la brume. Sous les fumées qui sont au-dessus de ses maisons et de ses églises, des routes noires et grises, elle est une île. Et elle est, dans l'eau du fleuve immense, comme un navire avec, au-dessus, des fumées. [...] Le fleuve tourne autour de cela ses eaux rapides, où la ville est prise comme un grand navire à l'ancre, et qui attend le départ avec, au-dessus de lui, des fumées noires et grises.

— Robert de Roquebrune, « Une ville », *L'invitation à la vie,* 1916

LA PLACE VILLE-MARIE

Le nom de la Sainte Vierge que noblement tu portes
De Montréal la bienheureuse naissance évoque
Et transporte nos pensées à cette glorieuse époque
Peuplée d'aventuriers, de héros de toutes sortes.

Telle la pieuse Madone par les anges aux cieux enlevée,
Ta silhouette en croix, grattant le jour qui se lève,
Comme un grand mât au-dessus de la ville s'élève,
Par son altesse royale la montagne acquiescée.

D'une rivière au nord, d'un fleuve au sud entourée,
Ville-île ancrée au milieu des flots tumultueux,
Montréal en voilier s'est métamorphosée !

Depuis, misaines, artimons et autres mâts preux
Vers le ciel comme toi se sont dressés, transformant
Le voilier solitaire en caravelles d'antan.

~

Premier gratte-ciel digne de ce nom construit au Québec, la Place Ville-Marie (ou PVM comme on l'appelle succinctement) évoque par son nom les origines de Montréal. En effet, Paul de Chomedey de Maisonneuve, gentilhomme français, né à Neuville-sur-Marne (1612-1676), fut le fondateur, en 1642, de Ville-Marie, qui allait devenir Montréal :

> Place Ville-Marie a été signée par Ieoh Ming Pei, un architecte américain d'origine chinoise dans la jeune quarantaine, qui n'était pas encore célèbre et qui

allait en 1993 dessiner la célèbre pyramide de verre du Louvre[19]. Mais PVM a été imaginée, à l'origine, par un promoteur montréalais, William Zeckendorf. L'idée lui vient lorsqu'il se rend compte du potentiel commercial de l'immense terrain vague qui jouxte l'espace où le CN construit alors le luxueux hôtel Reine Elizabeth. Avec le jeune architecte Henry Cobb, le promoteur esquisse les plans pour créer « une ville dans une ville », d'où le nom de Ville-Marie, en référence à la première bourgade établie sur l'île de Montréal en 1642.

— Madeleine Guay, « Signée I.M. Pei, Place Ville-Marie reste un immeuble de calibre international », *La Presse*, jeudi 26 septembre 2002, p. D18

Succédant à l'édifice monolithique de la Sun Life comme repère dans le ciel montréalais, la Place Ville-Marie a fêté ses 40 ans en 2002. Le premier

---

19. Célèbre, mais loin de faire l'unanimité, comme nous le rappelle l'auteur à succès de l'heure:

Vivement controversée lors de sa construction, par l'architecte américain d'origine chinoise I.M. Pei, la nouvelle entrée du Grand Louvre était devenue aussi célèbre que le musée lui-même. Rivalisant dans la métaphore avec Goethe, qui définissait l'architecture comme une musique figée, les détracteurs de la Grande Pyramide la trouvaient à peu près aussi harmonieuse qu'un raclement d'ongles sur un tableau noir, tandis que d'autres admiraient la synergie quasi magique qu'elle incarnait entre l'ancien et le nouveau: ils voyaient en elle le symbole de l'entrée du Louvre dans le nouveau millénaire.

— Dan Brown, *Da Vinci Code*, 2004, p. 28 [© *The Da Vinci Code*, 2003] ministre du Québec ainsi que le maire et le cardinal de Montréal étaient au nombre des principaux dignitaires présents à l'inauguration officielle en 1962. Ma question s'adresse aux lecteurs en âge d'y répondre : qui étaient ces messieurs ? (Je vous laisse le temps de réfléchir avant de divulguer les réponses[20]...) La Place Ville-Marie fut la première d'une impressionnante série de travaux d'infrastructure entrepris sous l'impulsion du maire d'alors pour dynamiser l'économie montréalaise. Pas peu fier de cette réalisation initiale, il avait proclamé : « Ce moment marque la fondation d'une véritable cité de classe mondiale. » La construction de la Place Ville-Marie s'est étalée sur quatre ans, soit de 1958 à 1962. Bâtie pour la modique somme de 60 millions de dollars, il en coûterait dix fois plus aujourd'hui pour édifier pareille structure. La Place Ville-Marie est constituée de quatre tours à bureaux réunies en un ensemble cruciforme de 45 étages. Le chantier de la PVM, c'était quelque chose, on venait même le voir en famille :

> J'imagine Montréal à travers mon enfance. La mémoire d'une ville est la somme des faits, des gestes et des rêves de ses habitants. Mon père nous emmenait, le dimanche, voir le chantier de la Place Ville-Marie en nous montrant au passage l'édifice de la Sun Life, le plus haut de l'époque.
> — Claude Beausoleil, « Présentation », *Montréal est une ville de poèmes vous savez*, 1992, p. 7

---

20. Le père de la Révolution tranquille, Jean Lesage ; celui que l'on a accusé de mégalomanie, Jean Drapeau ; et le grand ami des lépreux d'Afrique, Paul-Émile Léger.

Deuxième question : avez-vous une idée du nombre de locataires et de travailleurs que compte la Place Ville-Marie ? Respectivement 300 et 12 000. Une ville dans une ville, en effet ! Jamais deux sans trois : saviez-vous que c'est la construction de la Place Ville-Marie qui a donné naissance à la ville souterraine de Montréal ? Voici ce qu'en dit Michelle Justin dans son beau livre intitulée simplement *Montréal* (1989, p. 14) :

> La ville souterraine de Montréal, réseau complexe relié par le métro, s'étend sur près de 13 kilomètres sous tous les principaux édifices du centre de la ville. Cette idée de séparer les piétons des automobilistes surgit en 1962 avec l'inauguration de la place Ville-Marie. Cette tour cruciforme de 45 étages conçue pour la Banque Royale du Canada par l'architecte I.M. Pei, fut construite au-dessus d'un centre commercial souterrain.

Une mise à jour s'impose quant à la longueur des corridors souterrains. Mme Justin écrivait en 1989. Que de chemin parcouru depuis, c'est le cas de le dire ! Le réseau souterrain s'est allongé de près de 20 kilomètres puisqu'il en mesure aujourd'hui 31,5. Et en s'allongeant, il a nécessité une modification terminologique : comme le réseau n'est plus souterrain sur tout son parcours, on l'a rebaptisé « réseau piétonnier protégé ». Pour les amateurs de statistiques, voici quelques chiffres sur le réseau souterrain —

oups! sur le réseau piétonnier protégé — le plus étendu du monde[21] :

Longueur : 31,5 km	Gares ferroviaires : 2
Points d'accès : 178	Commerces : 2 000
Immeubles reliés : 62	Circulation quotidienne : 500 000
Stations de métro : 10	Propriétaires : 60 sociétés riveraines

Le réseau est devenu une véritable attraction touristique et un modèle du genre pour d'autres grandes villes internationales caressant le même projet. Par ailleurs, il offre le précieux avantage de permettre de circuler à pied dans la ville par tout temps (non seulement protège-t-il du froid sibérien mais aussi de la canicule équatoriale!). Montréal a raison de s'enorgueillir de ce joyau invisible ou presque qui a mis 40 ans à se ramifier à partir du sous-sol d'un édifice en forme de croix et qui poussera sans doute de nouveaux rameaux dans les années à venir. Il faudrait bien qu'une bonne fois (ou deux!) j'aille l'explorer jusque dans ses moindres recoins.

En me promenant au centre-ville l'autre jour, j'ai remonté jusqu'à la rue Sherbrooke le trottoir ouest de l'avenue McGill College, où était présentée une exposition de photographies extérieure intitulée *Je suis Montréal*. Sur un des nombreux panneaux d'affichage figurait l'agrandissement d'une photo prise par Roberto Dutesco, montrant les étages supérieurs de la Place Ville-Marie à la tombée de

---

21. Source : Laurier Cloutier, « Le réseau piétonnier avance… », *La Presse*, lundi 20 octobre 2002, p. D4.

la nuit, gyrophare allumé sur son sommet, accompagnée de la légende suivante :

Le phare de l'île
Monté sur l'édifice cruciforme de la Place Ville-Marie, le gyrophare domine la ville — les pilotes font référence à Montréal comme la ville des lumières. Le jeu de lumières peut être vu à une distance de 20 à 30 kilomètres à la ronde et prend environ 32 secondes pour faire un tour complet. Le projet architectural de la Place Ville-Marie s'est articulé autour d'une place publique offrant une vue en perspective du campus de l'université McGill et du Mont-Royal. La Place Ville-Marie abrite un grand nombre de bureaux. C'est là qu'a pris naissance le réseau souterrain de la ville.

J'arrivais tout juste de la place publique mentionnée dans la légende de la photo. J'avais été frappé par la magnifique vue qu'on y a de l'avenue McGill College montant en pente douce vers le campus de mon *alma mater,* étendu au pied du mont Royal, dont on aperçoit la face escarpée et la croix tournée vers l'est, comme le buste de Jacques Cartier sur le pont qui porte son nom. Il me semble que la promenade de l'avenue McGill Collège est à Montréal un peu ce que sont les Champs-Élysées à Paris. On devine que le réaménagement de l'avenue McGill College a été soigneusement étudié par les urbanistes de la Ville de Montréal. Y aurait-il un baron Haussmann parmi eux ? En tout cas, il est agréable de constater qu'une grande ville comme Montréal ne permet pas (plus) qu'on construise n'importe comment, au hasard Balthazar!

Imaginons un instant que l'auteur de l'époustouflant roman à suspense qu'est le *Da Vinci Code* ait été au courant des précédentes réalisations architecturales de I.M. Pei. La Place Ville-Marie, avec sa forme en croix évoquant le gibet sur lequel Jésus-Christ fut mis à mort, est peut-être passée à un doigt d'attirer le héros du livre, le symbologiste Robert Langdon, à Montréal! Mais ne désespérons pas, Dan Brown a un autre tome en préparation...

XX

Sur Saint-Denis une dentelle d'escaliers
Sur Christophe-Colomb et Saint-Hubert aussi
Festonnent les façades rangées en série
Comme des vrilles s'agrippant aux espaliers
— Jean O'Neil, « Twist », *Montréal by foot*, 1983

LES ESCALIERS EXTÉRIEURS

Où que l'on se balade ils sont là,
Fixés aux façades, immobiles et plats,
Passerelles entre le visible et l'invisible,
Enjambant l'espace de verdure
Entre trottoir et devanture,
Les uns larges et droits,
Que l'on descend en bondissant,
Les autres tournants et étroits,
Que l'on ascend[22] en s'agrippant,
La plupart à rampe de fer,
Quelques-uns à refaire,
Par mille froids contractés,
Par mille chaleurs dilatés,
Par mille pluies délavés,
Par mille pas usés,
Et là-haut sur les balcons
On entend les conversations
Que les gens se font
Par-dessus le son
Des voitures qui défilent
Dans les rues de la ville.

~

---

22. Il est pour le moins curieux que le français contemporain ait le verbe *descendre* (du latin *descendere*), mais pas son antonyme *ascendre* (du latin *ascendere* « monter »). Si nous nous mettions à utiliser cet oublié de l'évolution linguistique, peut-être réussirions-nous à lui donner vie, bouchant par là même un trou dans la famille lexicale qui compte *ascendance, ascendant, ascenseur, ascension, ascensionnel, ascensionner* et *ascensionniste*. En attendant que l'usage me donne raison, je me suis prévalu de ma licence poétique pour faire mien ce verbe qui existe déjà à l'état de virtualité. Comme *ascendre sur le trône* sonne plus royal que le banal *monter sur le trône*, ne trouvez-vous pas?

L'une des grandes originalités architecturales de Montréal sont ses escaliers extérieurs. Il est impossible de ne pas les remarquer lorsqu'on déambule dans les rues de la ville, notamment dans certains quartiers comme le Plateau Mont-Royal. Ma curiosité piquée, j'ai voulu percer le mystère de leurs origines, et voici ce que j'ai appris en consultant la foire aux questions du Centre d'histoire de Montréal (*www2.ville. montreal.qc.ca/chm*) :

— Pourquoi les duplex montréalais ont-ils les escaliers à l'extérieur ?

Voilà bien une particularité architecturale paradoxale, considérant la longueur des hivers montréalais ; il neige cinq mois par année, on joue donc généreusement de la pelle. Plusieurs raisons motivent cependant cet usage extérieur de l'escalier, entre autres éléments des coûts de chauffage moins élevés. Mais c'est surtout pour économiser l'espace intérieur que les duplex et triplex montréalais sont ornés de ces colimaçons de fer forgé les plus variés. Au XIXe siècle, afin d'assurer aux quartiers ouvriers un minimum de verdure, on adopte une loi obligeant les constructeurs à laisser un espace vert à l'avant du bâtiment. Ceci implique qu'ils ont moins d'espace pour le bâtiment même. La solution de mettre les escaliers à l'extérieur réglera ce problème ; on récupère en effet l'espace de la cage d'escaliers pour les pièces.

Pour ceux et celles qui n'ont pas la chance d'habiter ou de visiter notre ville, je signale l'existence d'un très beau livre intitulé *Les escaliers de Montréal*, publié conjointement par l'écrivain Jean O'Neil et le photographe Pierre Philippe Brunet en 1998[23]. Cet ouvrage donne un magnifique aperçu de toute la diversité des escaliers extérieurs de Montréal, qu'il s'agisse de leurs couleurs, de leurs formes ou de leurs éléments constitutifs. Comme le note Jean O'Neil, d'autres villes du Québec ont certes des escaliers extérieurs (Québec, Sherbrooke et Trois-Rivières, par exemple), mais nulle part ailleurs sont-ils aussi nombreux, variés et visibles qu'à Montréal. Et les écrivains montréalais, francophones comme anglophones, n'ont pas manqué de leur faire une place dans leurs romans :

> Quand Paul fut arrivé sur les lieux, à 6 heures et demie, la rue résonnait du jeu des enfants. Il compta les escaliers depuis le début du pâté de maisons afin de trouver celle qu'il cherchait, car il se rappelait que Marius lui avait dit que c'était la onzième à partir du coin. Tandis qu'il grimpait l'escalier tournant, deux nièces et trois neveux qui étaient sur le balcon s'enfuirent comme des flèches vers l'intérieur.
> — Hugh MacLennan, *Deux solitudes*, 1978, p. 586-587 [© *Two Solitudes*, 1945]

> Des escaliers extérieurs partout. En bois, en métal, des rouillés, des dangereux. La plupart en colimaçon. Ici, un précieux rectangle de gazon, méticuleusement

---

23. Mon poème s'est d'abord intitulé *Les escaliers de Montréal*, avant que je prenne connaissance de l'ouvrage du même titre. Je trouve que *Les escaliers extérieurs* fait moins joli, mais bon, c'est comme ça. Il faut savoir s'incliner des fois dans la vie !

peigné ; à côté, un ramassis agressif de mauvaises herbes. Un alignement vertigineux de balcons à la peinture écaillée. Avec parfois, entre deux maisons, la brèche d'un terrain vague.

— Mordecai Richler, *L'apprentissage de Duddy Kravitz*, 1976, p. 21 [© *The Apprenticeship of Duddy Kravitz*, 1959]

Inconscient de la présence des quatre tricoteuses, Richard s'était assis sur l'avant-dernière marche de l'escalier extérieur qui menait chez lui, au deuxième.

— Michel Tremblay, *La grosse femme d'à côté est enceinte*, 1978, p. 53

Il paraît qu'au moment de leur apparition (vers 1875), les escaliers n'ont fait que soulever le mépris de la bourgeoisie, car ils étaient typiques des maisons multifamiliales (duplex et triplex) construites dans les quartiers ouvriers. En témoignent ces propos sortis de la plume d'un éminent membre de l'élite canadienne-française de Montréal, le journaliste, philosophe et professeur de littérature française, Victor Barbeau, cités par Jean O'Neil dans *Les escaliers de Montréal* (p. 21) : « [...] ces logements-corridors allongés d'une échelle improprement appelée escalier [...] ces escaliers extérieurs dont personne ne nous disputera la paternité devant l'histoire. »

Si bon nombre sont à angle droit, tournants voire en colimaçon, c'est que la distance du trottoir à la façade était souvent insuffisante pour construire des escaliers droits (la pente aurait été trop forte).

C'est vers les années 1950, toujours selon Jean O'Neil, qu'une transformation a eu lieu dans les mentalités et qu'on a commencé à regarder les escaliers d'un autre œil, tant et si bien qu'ils sont aujourd'hui considérés comme de véritables bijoux de l'architecture résidentielle montréalaise. On serait presque tenté d'y voir une douce revanche des prolétaires sur les riches, dont les demeures unifamiliales n'ont jamais été ornées de ces petites merveilles faites de limons d'acier (supports métalliques) dans lesquels viennent s'engager les marches en bois et les balustrades en fer forgé, et qui des trottoirs, en hiver recouverts de glace, se dressent telles des passerelles vers les balcons que l'on dirait montés sur des échasses.

Je me surprends à passer en revue dans ma tête les différentes adresses où j'ai habité à Montréal. Ces lieux d'habitation étaient-ils dotés d'escaliers extérieurs ? N'ayant pas une mémoire sans faille, je suis obligé de m'en remettre aux photographies que j'ai conservées de ces endroits. Si elles confirment la présence d'escaliers extérieurs, hélas nul d'entre eux n'est comparable aux joyaux immortalisés par messieurs O'Neil et Brunet. Ni celui de la maison divisée en appartements où je suis né, n° 5607, avenue Durocher (court escalier de six marches menant à une véranda ouverte). Ni celui du triplex où nous avons déménagé ensuite, n° 945, avenue Davaar (petit escalier de sept marches donnant accès au perron, avec cage d'escaliers pour accéder aux étages). Ni celui de la vieille maison de trois étages où j'ai vécu pendant mes études de maîtrise à McGill, n° 3449, rue Hutchison (escalier de six ou sept marches —

ce n'est pas clair d'après la photo[24] — débouchant sur la plateforme de l'entrée principale, avec escaliers intérieurs montant aux étages). Avant que d'être trop vieux pour en ~~monter~~ ascendre et descendre les nombreuses marches, je rêve d'habiter à l'étage d'un immeuble dont la façade serait embellie d'un grand escalier extérieur grimpant vers un joli balcon.

À Toronto, en revanche, j'ai été servi à souhait, puisque ma maison, achetée en 1982, était perchée au sommet d'une colline dominant une avenue au nom bien choisi, *Springmount*. Du trottoir en bas à la véranda ouverte en haut serpentait un escalier d'une trentaine de marches entrecoupé — Dieu merci — de trois paliers pour se reposer. Ouf! Quand l'heure est venue de dire adieu à la métropole ontarienne en 2000, combien de marches avais-je descendues et ~~montées~~ ascendues au bout de dix-huit ans de vie de propriétaire foncier? En ne comptant qu'une descente et une ~~montée~~ [bon; à maintenir[25]] par jour, au bas mot 394 200! Du coup, avec un nombre aussi faramineux de marches déjà dans les jambes, je ne sais plus si j'ai envie d'un grand escalier extérieur, aussi beau soit-il! Le rêve tournerait-il au cauchemar?

---

24. Dans le souci de vous fournir des informations absolument précises, je suis retourné au 3449 de la rue Hutchison pour compter (~~monter~~ ascendre) et recompter (descendre) les marches de l'escalier extérieur. Il y en a six, en excluant la marche formée par le socle en béton et celle faisant proprement partie du perron. Ces exclusions valent de même pour les escaliers extérieurs des deux autres adresses.

25. À bien y réfléchir, je ne crois pas que *ascension* irait bien ici! Pourquoi pas *ascente*, par analogie avec *descente?*

Je ne sais pas pourquoi, en vous parlant de Toronto, j'ai repensé à mes allers-retours en train entre la Ville reine et Montréal avant d'être enfin «motorisé» en 1978. Et m'est revenu en mémoire le traditionnel avertissement des contrôleurs de VIA Rail, à l'embarquement comme au débarquement: «Attention à la marche! *Watch your step!*»

XXI

À cette heure où le soleil commençait sa lente descente vers les quartiers riches, le parc Lafontaine prenait des airs de forêt au crépuscule : les ombres s'allongeaient, envahissaient les pelouses où ne trônaient pas encore en ce début de mai les affreux petits panneaux sur lesquels on pouvait lire : « Ne passez pas sur le gazon » ; les écureuils, moins peureux, sortaient de leurs cachettes et gambadaient un peu partout en caquetant comme des fous, les bouquets d'hydrangers (*sic*) faisaient des taches plus sombres dans l'ombre des arbres, l'air était plus frais, comme humide, et une pesante tranquillité recouvrait tout.
— Michel Tremblay, *La grosse femme d'à côté est enceinte*, 1978, p. 212

LE PARC LA FONTAINE

Avant que je sois, je te connaissais déjà,
J'étais en elle qui foulait ton sol de ses pas ;
Les années ont défilé depuis ce temps-là,
Enfin je te retrouve, enfin te revoilà !

Îlot de verdure au milieu de la cité,
Ne te souviens-tu pas de ces journées passées
Où la jeune femme et son enfant non encore né
Venaient se promener dans tes allées étoilées ?

Elle allait çà et là avec moi pour complice,
Longeant tes oasis, savourant tes délices,
Et priait le ciel pour que sous d'heureux auspices
Du ventre maternel à la vie je naquisse.

Afin que mes pas après les siens pressent ton sol,
Légers de bonheur tels ceux d'un gai rossignol,
Il a fallu, ce semble, une éternité folle ;
Le temps pour personne, hélas, ne suspend son vol.

Tes majestueux catalpas aux grandes feuilles en cœur
Ont laissé choir à leurs pieds leurs bouquets de fleurs,
Pointillés de blancheur sur l'herbe ombre et fraîcheur,
Clair-obscur que les impressionnistes eurent fait leur !

Et quand l'astre vermeil clôt sa course dans les cieux,
Tes lampadaires le relaient, à leur tour radieux,
Et de leur halo lumineux éclairent les lieux
Encore tout à l'heure, sous les catalpas, ombreux.

~

À ma connaissance, je n'avais pas «remis» les pieds au parc La Fontaine depuis ces jours lointains où ma mère venait s'y promener avec moi dans son ventre. Et quand j'ai enfin «refoulé» les allées étoilées du parc, c'était comme si je m'étais trouvé en terrain familier. Quelle étrange impression que de reconnaître un lieu que l'on n'a «connu» qu'à travers les parois utérines. D'abord, est-ce possible? Je sais que l'enfant qui va naître est sensible à la voix de sa mère, à la musique… mais aux apparences extérieures?

Dans un coin du parc, un monument érigé à la mémoire de l'homme qui, selon la légende, aurait sacrifié sa vie pour sauver la jeune colonie montréalaise, m'a rappelé un poème de facture populaire qui évoque ce héros tombé aux mains des Iroquois:

> Par là-bas, y'en a qui défilent
> devant le monument d'Dollard
> qu'est mort en s'battant pour la ville.
> D'nos jours, on s'bat pour des dollars…
> — Jean Narrache, «En rôdant dans l'parc Lafontaine»,
> *J'parle tout seul quand Jean Narrache*, 1961

Je ne peux pas me promener au parc La Fontaine sans penser à Michel Tremblay et à sa grosse femme d'à côté qui est enceinte. Le parc tient une place importante dans cette première d'une série de chroniques sur le Plateau Mont-Royal, y revenant à plusieurs reprises comme le montrent ces passages qui s'ajoutent à celui déjà cité en tête du poème:

En traversant la rue Mont-Royal vers le sud, Thérèse, traînant Marcel par la main, pensait à la grande journée de liberté qui les attendait, elle, son frère et ses cousins, au parc Lafontaine. (p. 56)

Thérèse, Marcel et Philippe traversèrent la rue Rachel en courant et s'engouffrèrent dans le parc Lafontaine en hurlant de joie. (p. 59)

Le problème pour les quatre enfants lorsqu'ils allaient passer la journée au parc Lafontaine était de rester ensemble. Le parc était immense et tant que Thérèse, son frère et les deux cousins se contentaient de se promener autour des deux lacs, de visiter le minuscule zoo puant et sale ou de se poursuivre à travers talus et bosquets, tout allait bien. (p. 80-81)

Petite précision orthographique : officiellement, le nom du parc ne s'écrit pas Lafontaine, ni LaFontaine, ni de je ne sais quelle autre manière… mais La Fontaine (avec *une* espace insécable — le mot est féminin dans son sens typographique), patronyme de l'illustre personnage éponyme, Louis-Hippolyte de son prénom, comme nous le rappelle un panneau à l'entrée du parc :

> Louis-Hippolyte La Fontaine (1807-1864), avocat, politicien, premier ministre du Canada-Uni et juge.

Je trouve malheureux que l'on ne fasse pas plus attention à l'orthographe des toponymes, car en la modifiant selon sa fantaisie on risque sans le vouloir d'en occulter l'étymologie. Et les meilleurs s'y méprennent comme en font foi les passages du roman de Michel Tremblay et le titre du poème de Jean Narrache. (C'est une fois de plus l'ex-linguiste en moi qui refuse de mourir et qui se dresse pour prendre la parole, au risque de me faire passer pour un puriste, ce que je me garde bien d'être.) Ainsi, dans le cas du parc La Fontaine, quelle raison aurait-on de ne pas respecter la filiation historique ? Craint-on la confusion avec le fabuliste français, Jean de La Fontaine (1621-1695) ? Une chose est certaine, la Ville de Montréal, elle, ne s'y trompe pas dans son affichage, puisque sur les panneaux aux entrées du parc on peut lire *parc La Fontaine,* et sur ceux de la voie publique qui borde le parc à l'ouest, *avenue du Parc-La Fontaine*[26]. Ceci soulève un problème intéressant, celui de l'usage courant allant à l'encontre de l'usage officiel. *Vox populi, vox Dei!* Ainsi est-il à prévoir que les panneaux, affiches, documents, etc. officiels seront bientôt les seuls à respecter encore la graphie La Fontaine, qu'on le veuille ou non. Je ne m'en attriste pas outre mesure, car s'il est une chose que la linguistique m'a apprise, c'est que les langues sont des entités vivantes qui changent au fil du temps.

J'avoue, par contre, ne pas très bien comprendre pourquoi on relie les mots d'un patronyme par un trait d'union lorsqu'ils sont utilisés comme toponymes (ex.: *pont Jacques-Cartier*). L'application de la règle donne parfois des résultats qui ont de quoi susciter l'étonnement des Montréalais, le mien en tout cas, comme on l'a vu avec *avenue du Parc-La Fontaine*. Un étranger passant par là, et ne connaissant pas bien la langue du pays et encore moins l'histoire de la ville, pourrait imaginer l'existence d'un certain monsieur Fontaine prénommé Parc-La! Quant à former des toponymes à partir de patronymes, autant être systématique et ajouter des traits d'union partout (ou nulle part), ce qui, dans le cas qui nous

---

26. Les meilleures intentions peuvent se retourner contre leurs auteurs. Ainsi en est-il du respect de l'orthographe historique dans *avenue du Parc-La Fontaine,* où l'ajout du trait d'union (pratique normale quand un patronyme devient toponyme) rattache curieusement l'article au parc et laisse la fontaine orpheline! Dans ce cas précis, la graphie unifiée aurait ses avantages puisqu'elle permettrait à l'orpheline de regagner sa famille, *avenue du Parc-Lafontaine!* Que faire? Lire la suite de la discussion.

intéresse, donnerait : *avenue du Parc-La-Fontaine* (ou *avenue du Parc La Fontaine*)[27].

Revenons à la jeune promeneuse du poème. Si ma mère avait coutume de se balader au parc La Fontaine, c'est qu'elle et mon père habitaient tout à côté, dans la fameuse avenue à la graphie biscornue ! C'était au début des années 1950, tous deux fraîchement débarqués d'Europe. Ils allaient bientôt déménager à Outremont, avenue Durocher, en plein cœur du quartier juif orthodoxe, où j'allais naître. Mais c'est là une histoire de famille que je vous ai déjà racontée…

27. Pour ceux et celles qui voudraient approfondir leur connaissance des règles typographiques du français, je signale un ouvrage faisant autorité en la matière, *Le Ramat de la typographie*. Mon intérêt pour ce sujet remonte à l'époque où j'agissais en tant que conseiller linguistique de la chaîne française de TVOntario dans le cadre des championnats du monde d'orthographe de langue française, organisés sous la présidence de Bernard Pivot.

MOT DE TRANSITION

Je dois malheureusement interrompre ici mon livre sur Montréal, le temps que ma muse se repose ! Elle vous invite cependant à la retrouver pour la suite de mes *Confessions montréalaises*.

L'écriture a toujours quelque chose d'un peu prétentieux, à plus forte raison lorsqu'on parle de soi. Mais parler de moi, vous l'avez compris, n'est qu'un prétexte pour parler de celle que j'aime, Montréal.

À bientôt, j'espère.

É. B.

BIBLIOGRAPHIE

Apollinaire, Guillaume. « Le pont Mirabeau », *Alcools*, 1913 [cité dans *Les plus belles pages de la poésie française*, 1982]

Aubin, Sophie et **Vicky Lacharité.** *Je connais Montréal*, Montréal, Les Intouchables, 2002

Baudelaire, Charles. « Bénédiction », « L'invitation au voyage », « La géante », « La muse malade », « Une charogne », *Les fleurs du mal*, Paris, Garnier, 1957 [© 1857]

Baudelaire, Charles. « Les foules », *Petits poèmes en prose*, Paris, Seghers, 1964

Beausoleil, Claude. *Montréal est une ville de poèmes vous savez*, Montréal, L'Hexagone, 1992

Bellay, Joachim du. « Heureux qui, comme Ulysse, … », *Les regrets*, 1558 [cité dans *Les plus belles pages de la poésie française*, 1982]

Blanchard, Raoul. *Montréal : esquisse de géographie urbaine*, Montréal, VLB, 1992 [© 1947]

Borduas, Paul-Émile. *Refus global*, Saint-Hilaire, Mithra-Mythe, 1948

Bouchard, Danielle. « Découvrir Toronto : le secret des ravins », *Géographica*, mars – avril 2003, pp. 5-9

Bourin, Jeanne. « Préface », *Les plus belles pages de la poésie française*, Paris, Sélection du Reader's Digest, 1982

Brown, Dan. *Da Vinci Code*, Paris, Jean-Claude Lattès, 2004 [© *The Da Vinci Code*, New York, Doubleday, 2003]

Brunet, Pierre Philippe et **Jean O'Neil.** *Les couronnements de Montréal*, Montréal, Hurtubise, 2002

Buffard-Moret, Brigitte. *Introduction à la versification*, Paris, Dunod, 1997

Cabrel, Francis. « Depuis toujours », *Hors-saison*, Chandelle Productions, 1999

Carré, Jean-Marie. *La vie aventureuse de Jean-Arthur Rimbaud*, Paris, Plon, 1926

Castans, Raymond. *Marcel Pagnol*, Paris, Jean-Claude Lattès, 1987

Centre d'histoire de Montréal, *www2.ville.montreal.qc.ca/chm*

Charbonnier, Auguste. « Le mont Royal », *Gerbes du mont Royal*, 1910 [cité dans Beausoleil, 1992]

Cloutier, Laurier. « Le réseau piétonnier avance… », *La Presse*, lundi 20 octobre 2002, p. D4

Coelho, Paulo. *La cinquième montagne*, Paris, Anne Carrière, 1998

Desfeuilles, Paul. *Dictionnaire de rimes*, Paris, Garnier, 1961

Désilets, Francis. « Historique » [dans Aubin et Lacharité, 2002, pp. 7-25]

Dickens, Charles. *American Notes for General Circulation*, 1842

Dickens, Charles. *A Tale of Two Cities*, 1859

Duteil, Yves. « La langue de chez nous », *La langue de chez nous,* Audiogram, 1985

Florian, Jean-Pierre Claris de. (1755-1794), « Plaisir d'amour », *Célestine,* s.d.

France, Anatole. *Propos,* 1921 [cité dans Petit, 1960]

Francœur, Lucien. « Le mal de Montréal », *Rock-Désir,* Montréal, VLB, 1984

Francœur, Lucien. « Des villes en moi », *Exit pour nomades,* Trois-Rivières, Écrits des Forges, 1985

Fréchette, Louis. « Première nuit », *La légende d'un peuple,* 1888 [cité dans Beausoleil, 1992]

Gagnon, Lysiane. « Un psychiatre vous écoute... », *La Presse,* 30 octobre 2003, p. A15

Guay, Madeleine. « Signée I.M. Pei, Place Ville-Marie reste un immeuble de calibre international », *La Presse,* jeudi 26 septembre 2002, p. D18

Hugo, Victor. « Préface », *Contemplations,* Paris, Nelson, 1934 [© 1856]

Hugo, Victor. « Booz endormi », *La Légende des siècles,* 1859 [cité dans *Les plus belles pages de la poésie française,* 1982]

Jésus Marie et Notre Temps, n° 347, juillet 2002

Justin, Michelle. *Montréal,* [Canada], B. Mitchell, 1989

La Sainte Bible, « La trahison de Judas », *L'Évangile selon saint Matthieu,* chapitre 26, versets 14-16, Paris, Cerf, 1961

Lamartine, Alphonse de. « Milly ou la terre natale », *Harmonies poétiques et religieuses,* 1830 [cité dans *Les plus belles pages de la poésie française,* 1982]

Lamartine, Alphonse de. *Poésies choisies,* Paris, Jules Tallandier, 1971

Laviolette, Pierre. « Points de vue de la descente de la montagne de Montréal », 1833 [cité dans Beausoleil, 1992]

Laurin, Camille. *Discours de deuxième lecture prononcé à l'Assemblée nationale à l'occasion de l'adoption du projet de loi 101,* le 19 juillet 1977

Lazarus, Emma. *Le nouveau colosse,* 1883 [cité dans Petit, 1960]

Lelièvre, Francine. *Montréal, par ponts et traverses,* Montréal, Nota bene, 1999

Les plus belles pages de la poésie française, Paris, Sélection du Reader's Digest, 1982

MacLennan, Hugh. *Deux solitudes,* Montréal, Hurtubise, 1978 [© *Two Solitudes,* Toronto, Macmillan, 1945]

Mailhot, Laurent et Pierre Nepveu. *La poésie québécoise des origines à nos jours,* Montréal, Typo, 1996

Martel, Yann. *L'histoire de Pi,* Montréal, XYZ, 2003 [© *Life of Pi,* Toronto, Vintage, 2001]

Martinet, André. « Peut-on dire d'une langue qu'elle est belle? » *Revue d'esthétique,* 1969, pp. 227-239

Ministère fédéral des Ressources naturelles, *http://toponymes.mcan. gc.ca/education/montreal*

Mistral, Christian. « Un bateau dans une bouteille », chanson officielle des Fêtes du 350ᵉ anniversaire de la fondation de Montréal, 1992

Mougeon, Raymond et **Édouard Beniak**, *Les origines du français québécois*, Québec, Presses de l'Université Laval, 1994

Narrache, Jean. « En rôdant dans l'parc Lafontaine », *J'parle tout seul quand Jean Narrache*, 1961 [cité dans Beausoleil, 1992]

Nelligan, Émile. « Un poète », *Émile Nelligan et son œuvre*, Montréal, Beauchemin, 1903

O'Neil, Jean. « Twist », *Montréal by foot*, 1983 [cité dans Beausoleil, 1992]

O'Neil, Jean et **Pierre Philippe Brunet.** *Les escaliers de Montréal*, Montréal, Hurtubise, 1998

Petit, Karl. *Le dictionnaire des citations du monde entier*, Verviers (Belgique), Gérard & Cᵒ, 1960

***Petit Larousse**, Paris, Librairie Larousse, 1961

***Petit Robert**, Paris, Dictionnaires Robert, 1990

Picard, Jean-Claude. *Camille Laurin : l'homme debout*, Montréal, Boréal, 2003

Poulin, Jacques. *Les yeux bleus de Mistassini*, Montréal, Leméac, 2002

Prévost, Robert. « Le Gros-Sault de la rivière des Prairies », *Histoire du Québec*, vol. 3, nᵒ 1, juin 1997, pp. 35-38

Pugnet, Jacques. *Jean Giono*, Paris, Éditions Universitaires, 1955

Ramat, Aurel. *Le Ramat de la typographie*, Montréal, Aurel Ramat éditeur, 2002

Richler, Mordecai. *L'apprentissage de Duddy Kravitz*, Montréal, Pierre Tisseyre, 1976 [© *The Apprenticeship of Duddy Kravitz*, Toronto, André Deutsch, 1959]

Rivard, Michel. « Le cœur de ma vie », *Michel Rivard*, Audiogram, 1989

Roquebrune, Robert de. « Une ville », *L'invitation à la vie*, 1916 [cité dans Beausoleil, 1992]

Sulte, Benjamin. « Le pont Victoria », *Les Laurentiennes*, 1870 [cité dans Beausoleil, 1992]

Tremblay, Michel. « Demain matin, Montréal m'attend », *Demain matin, Montréal m'attend*, Montréal, Leméac, 1972

Tremblay, Michel. *La grosse femme d'à côté est enceinte*, Montréal, Leméac, 1978

Verlaine, Paul. « Gaspard Hauser chante », *Sagesse*, 1880 [cité dans *Les plus belles pages de la poésie française*, 1982]

Vigneault, Gilles. « Le pont », *Silences*, 1978 [cité dans Mailhot et Nepveu, 1996]

Wyczynski, Paul. « Présentation », *Poèmes autographes d'Émile Nelligan*, Montréal, Fides, 1991

TABLE DES MATIÈRES

MEMBRE DU GROUPE SCABRINI

Québec, Canada
2007